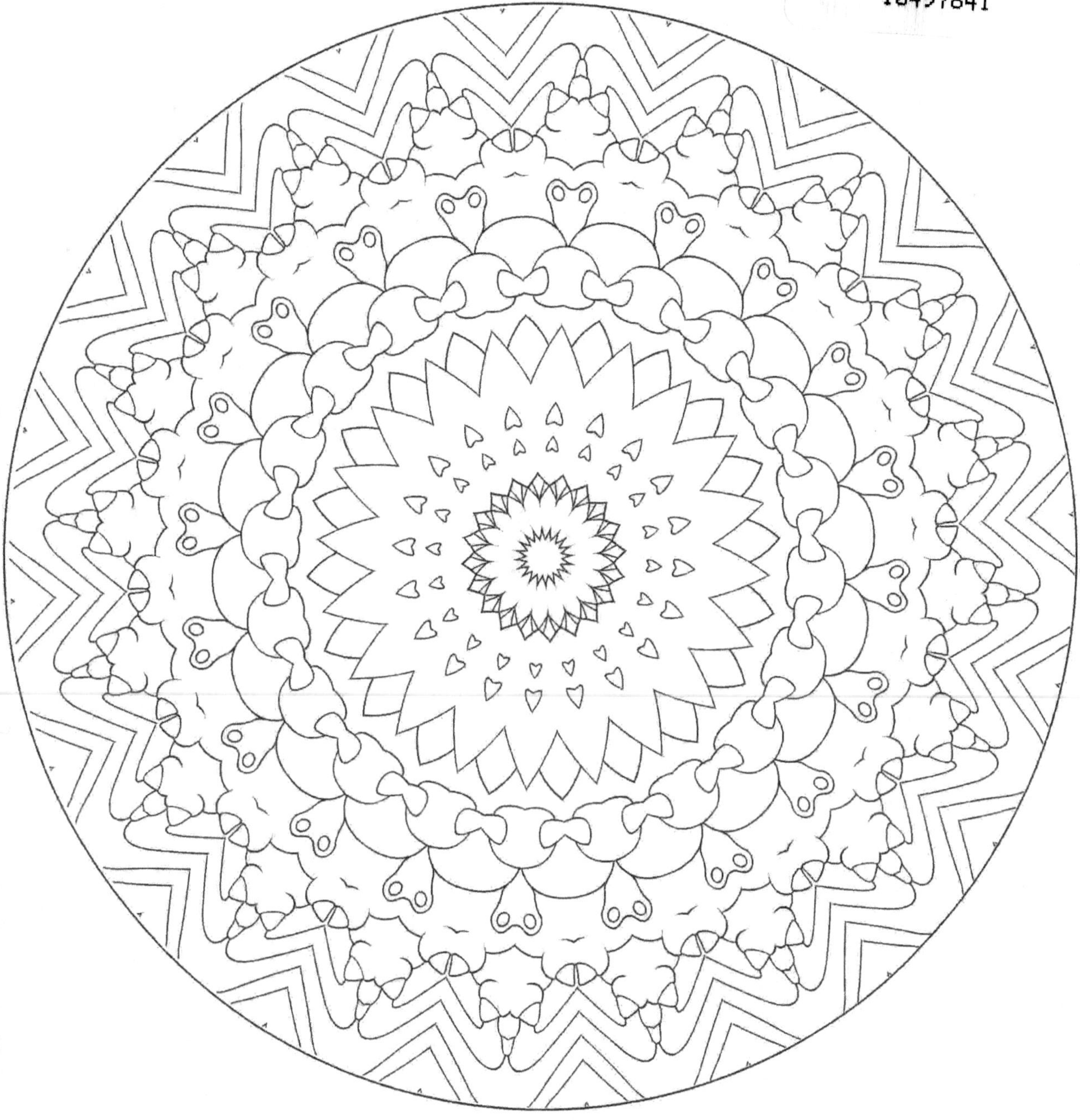

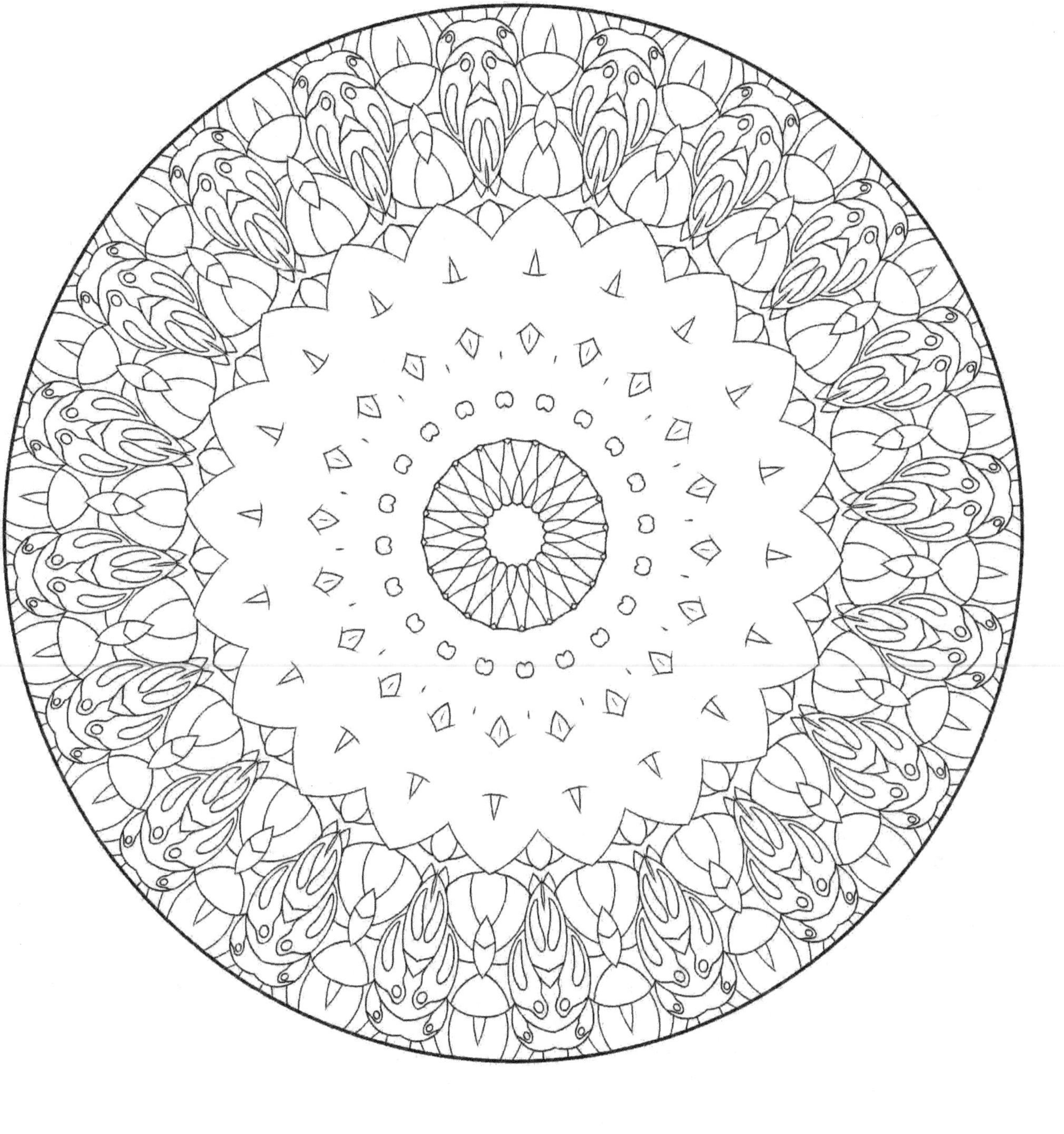

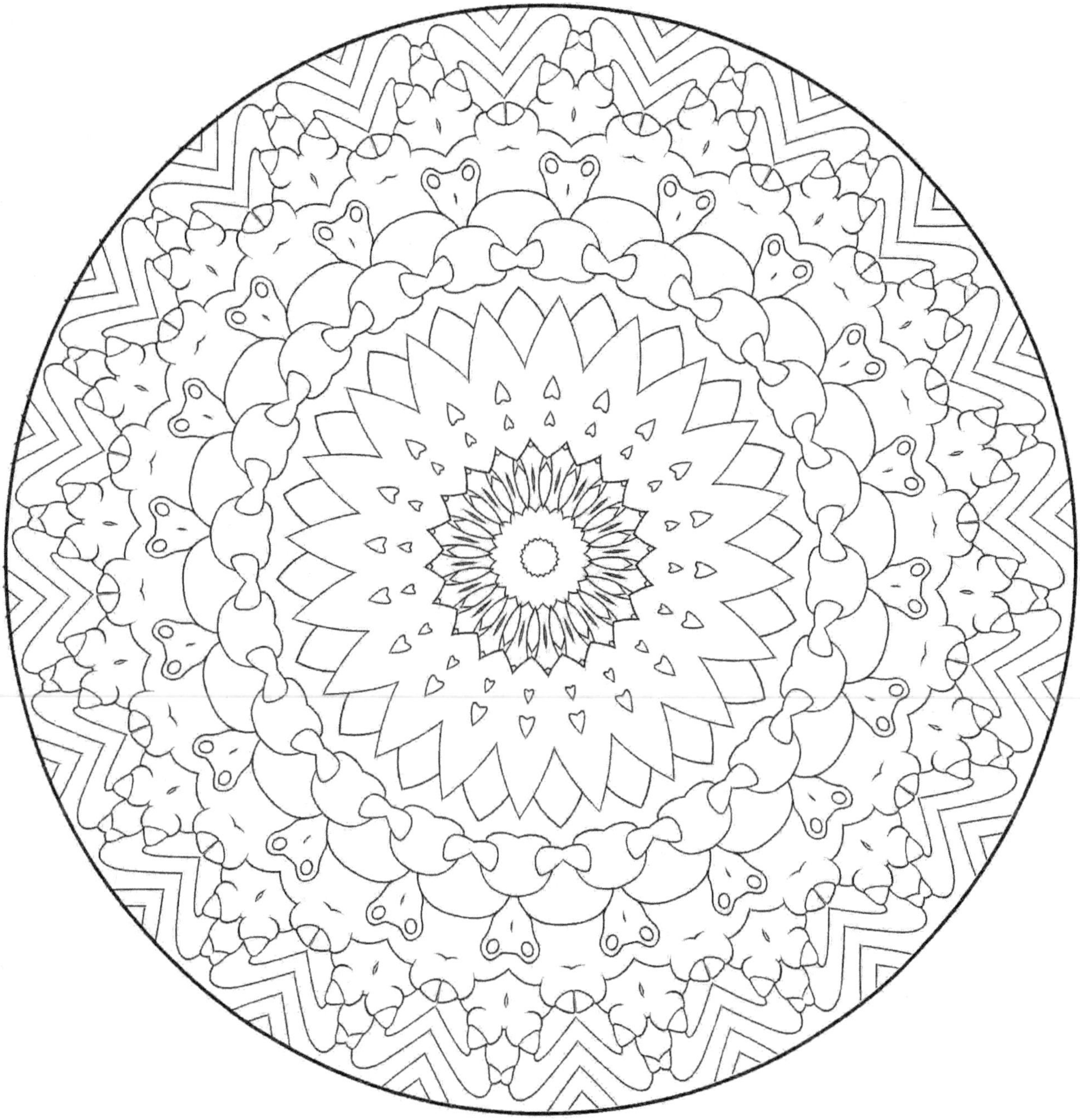

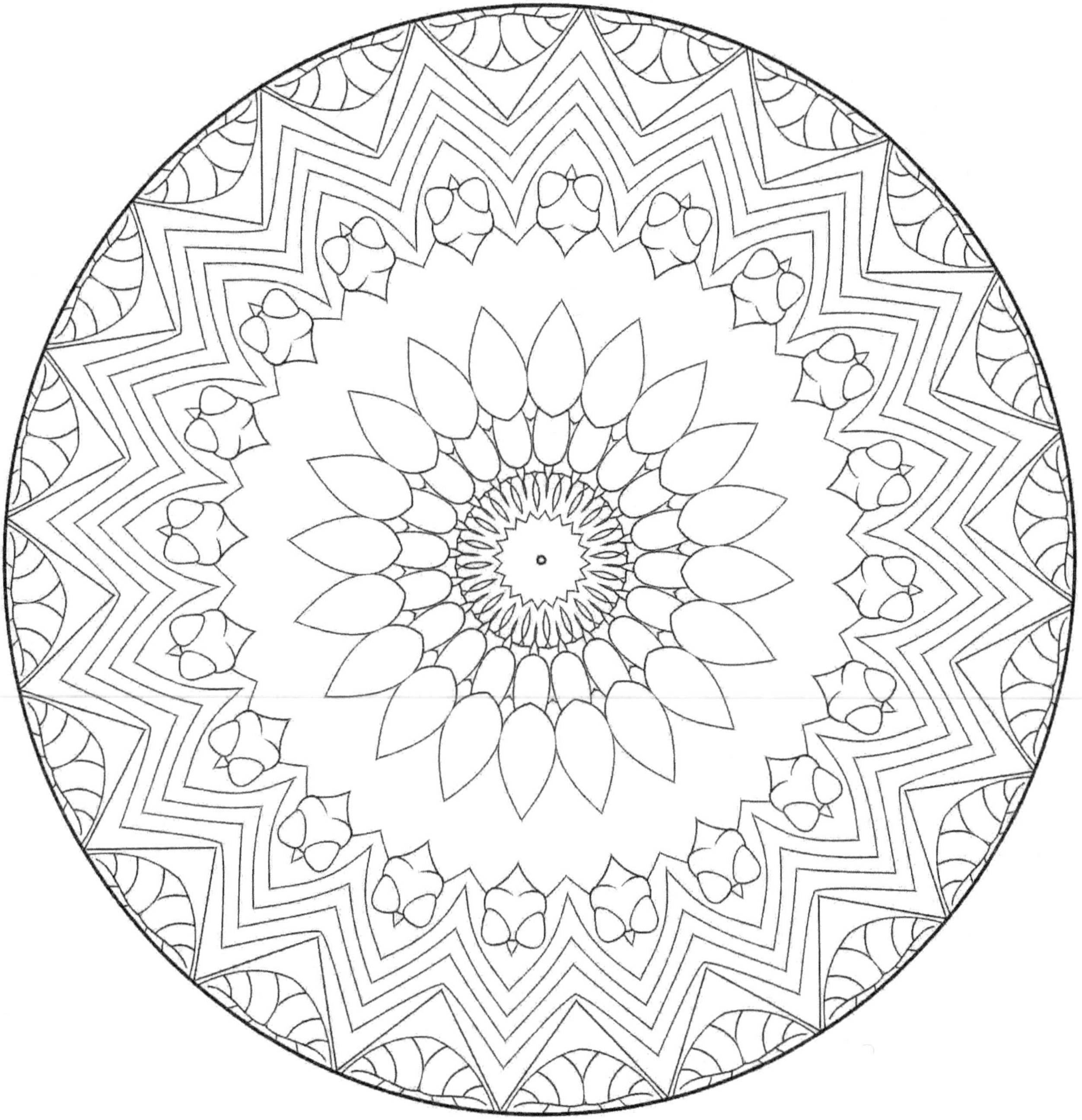

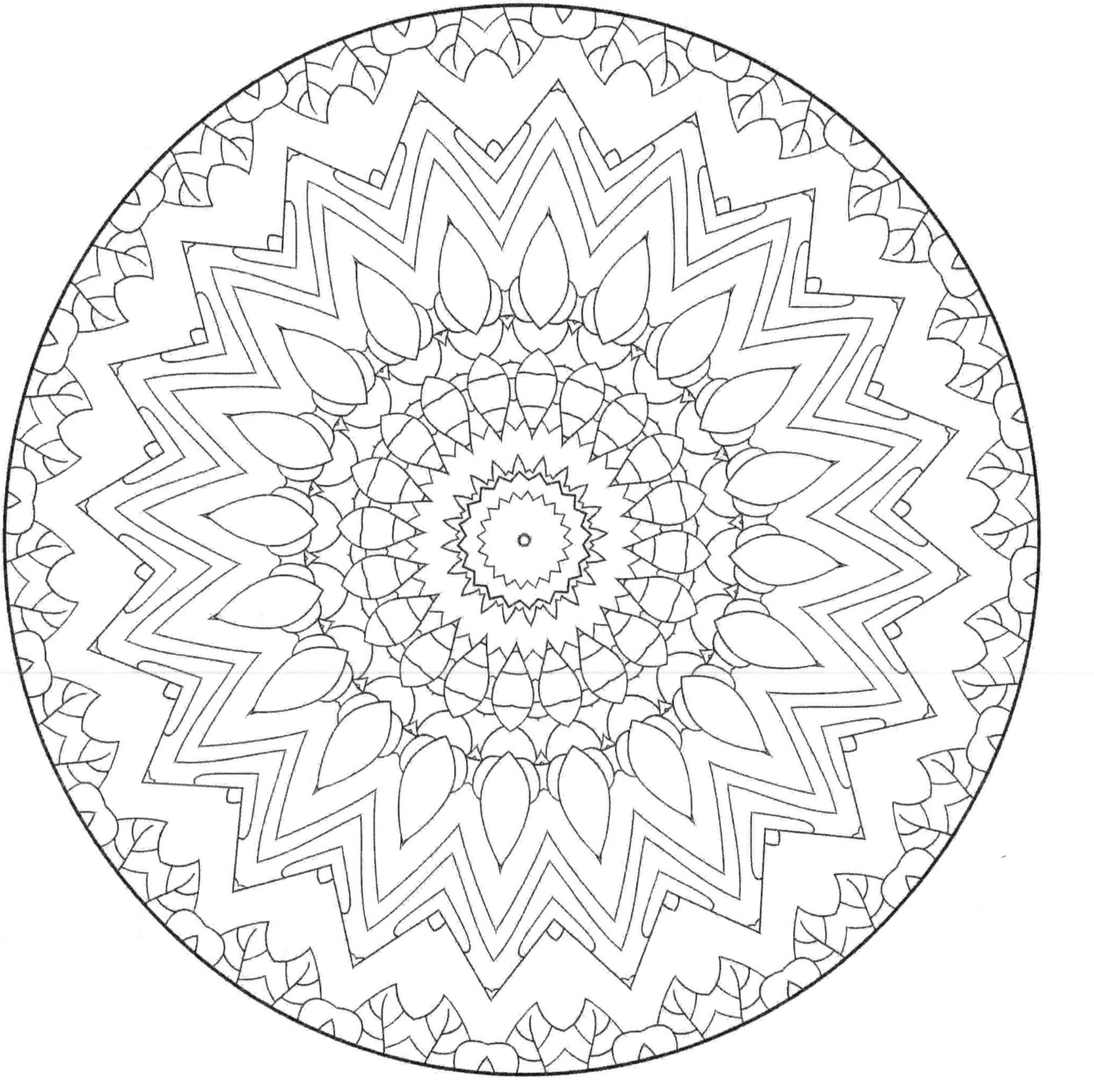

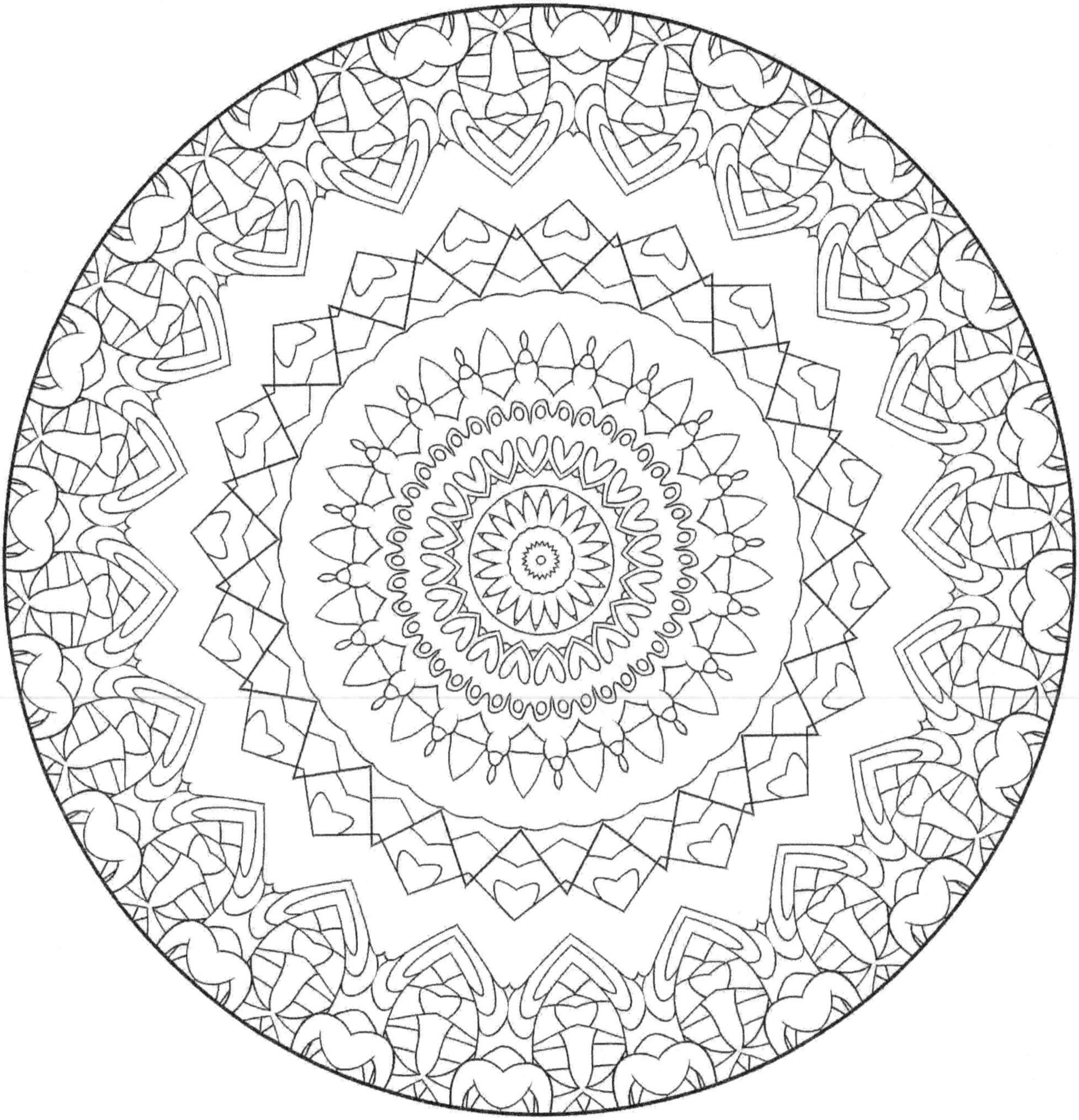

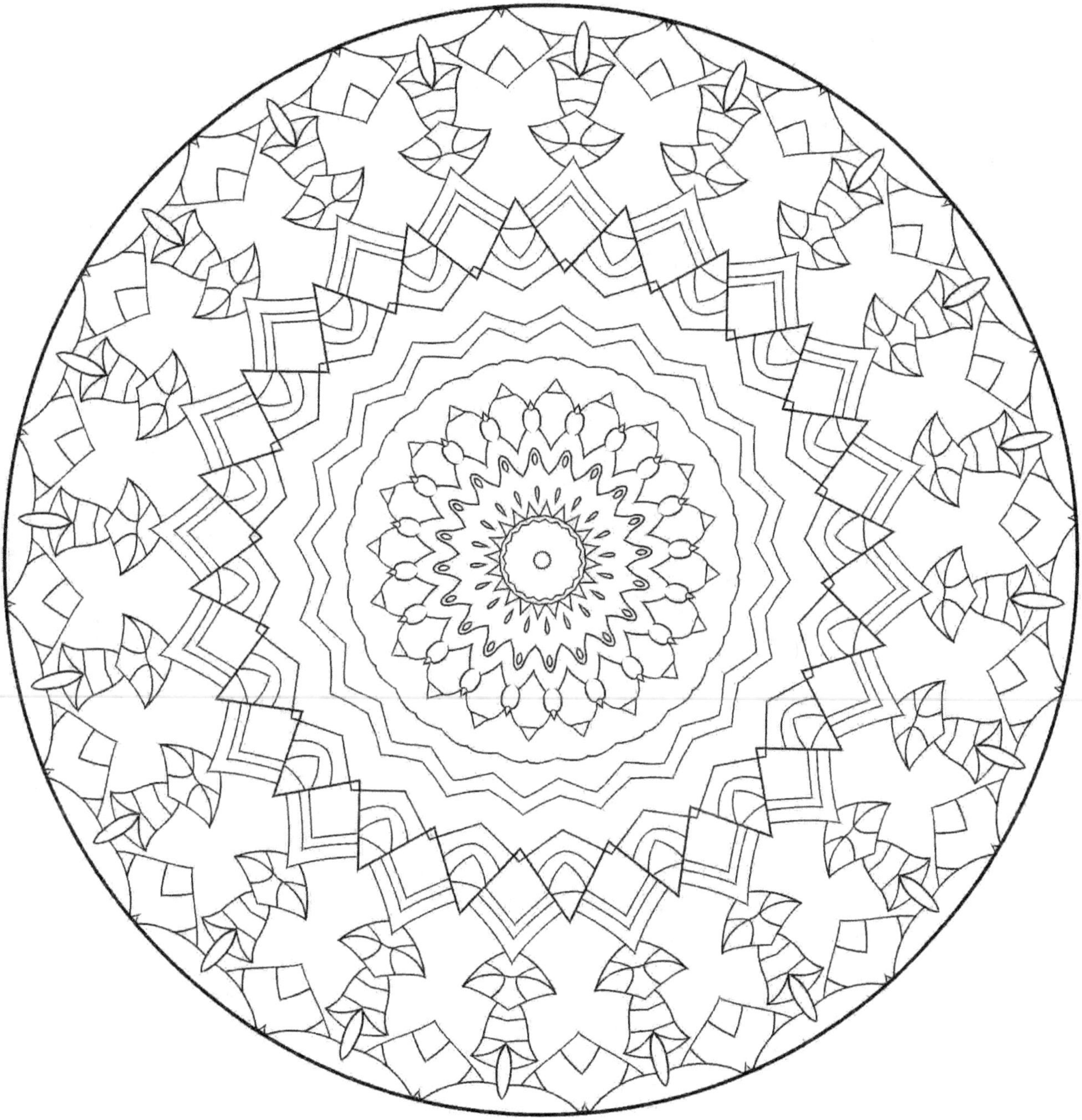

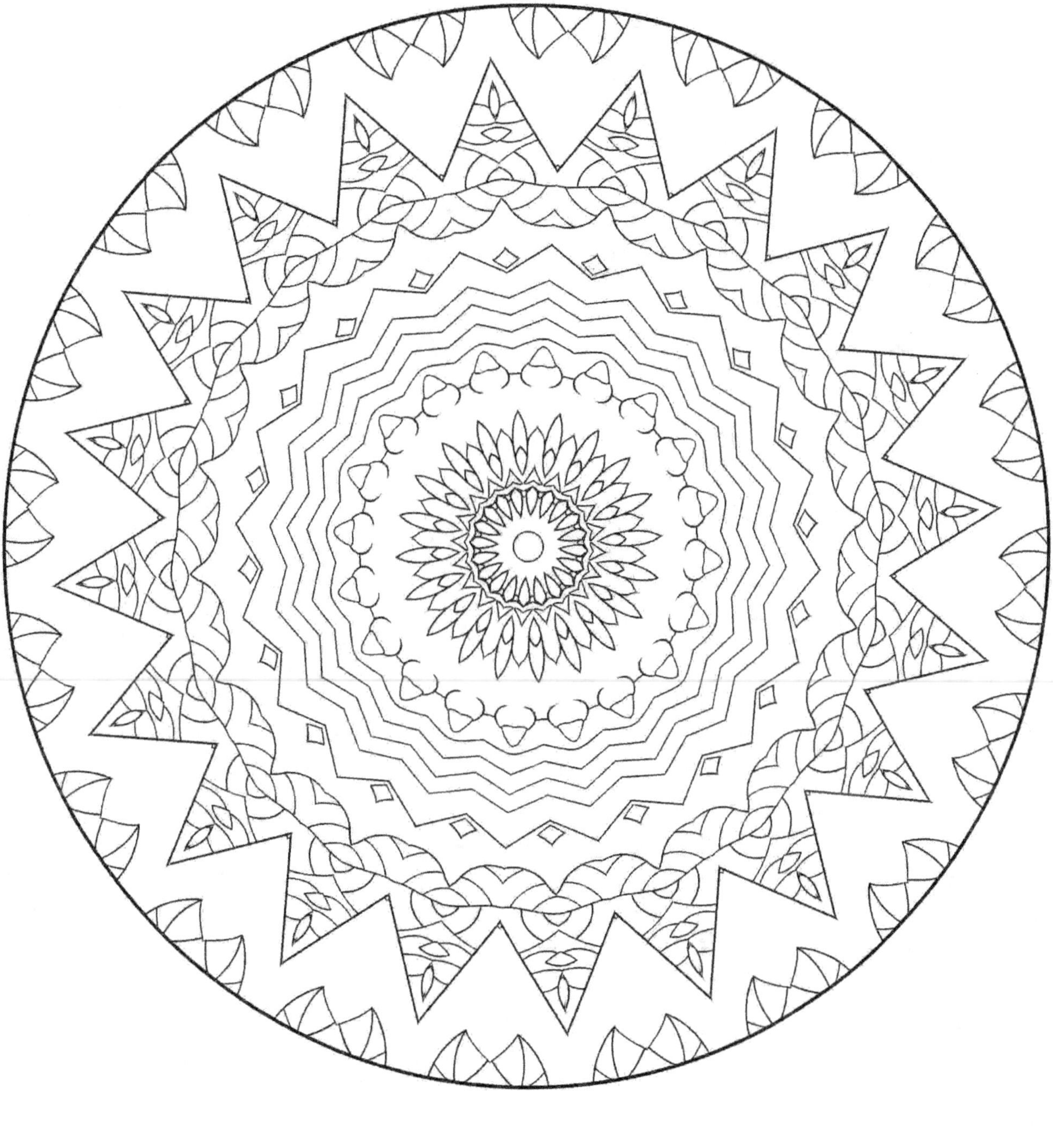

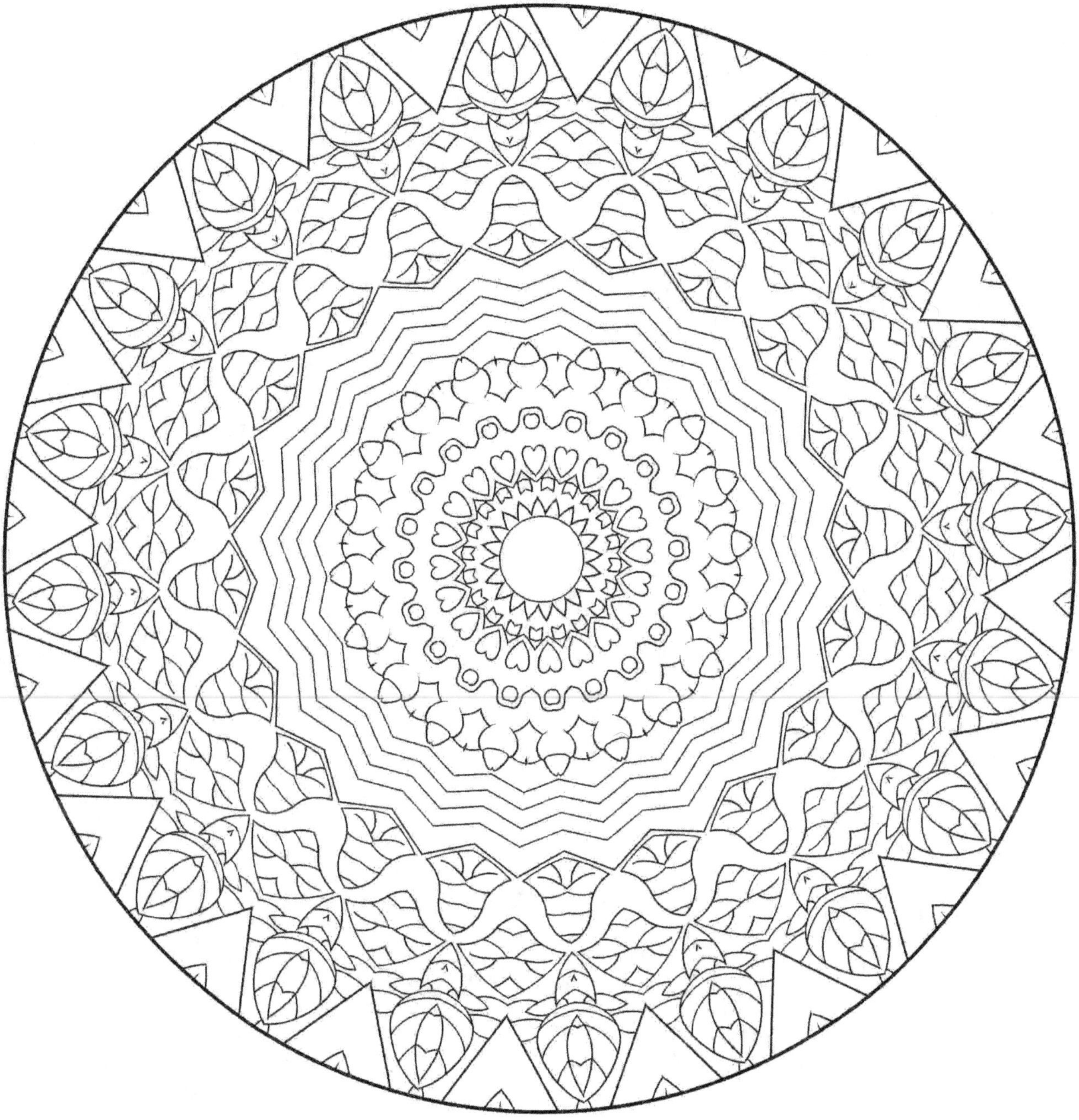

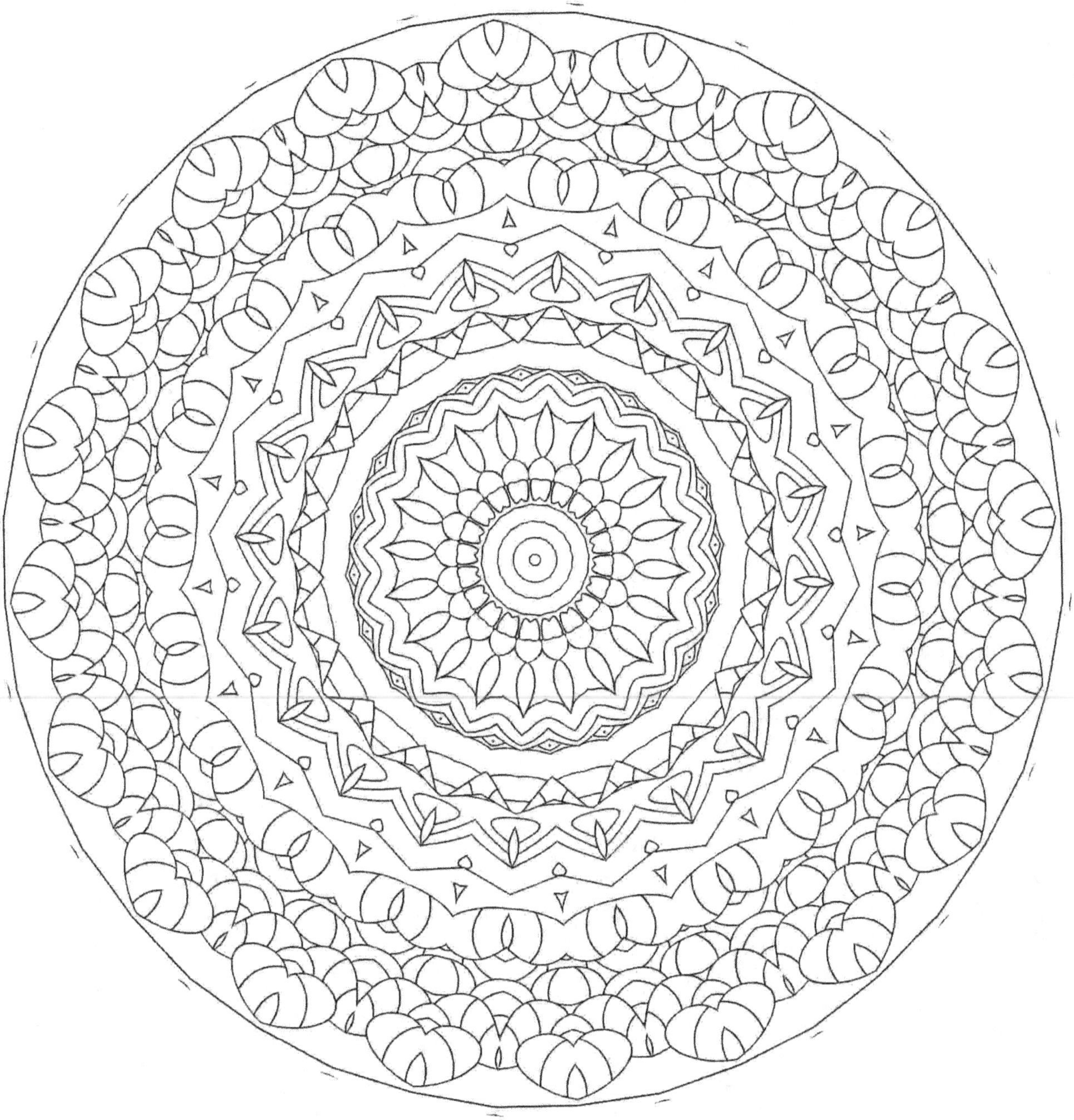

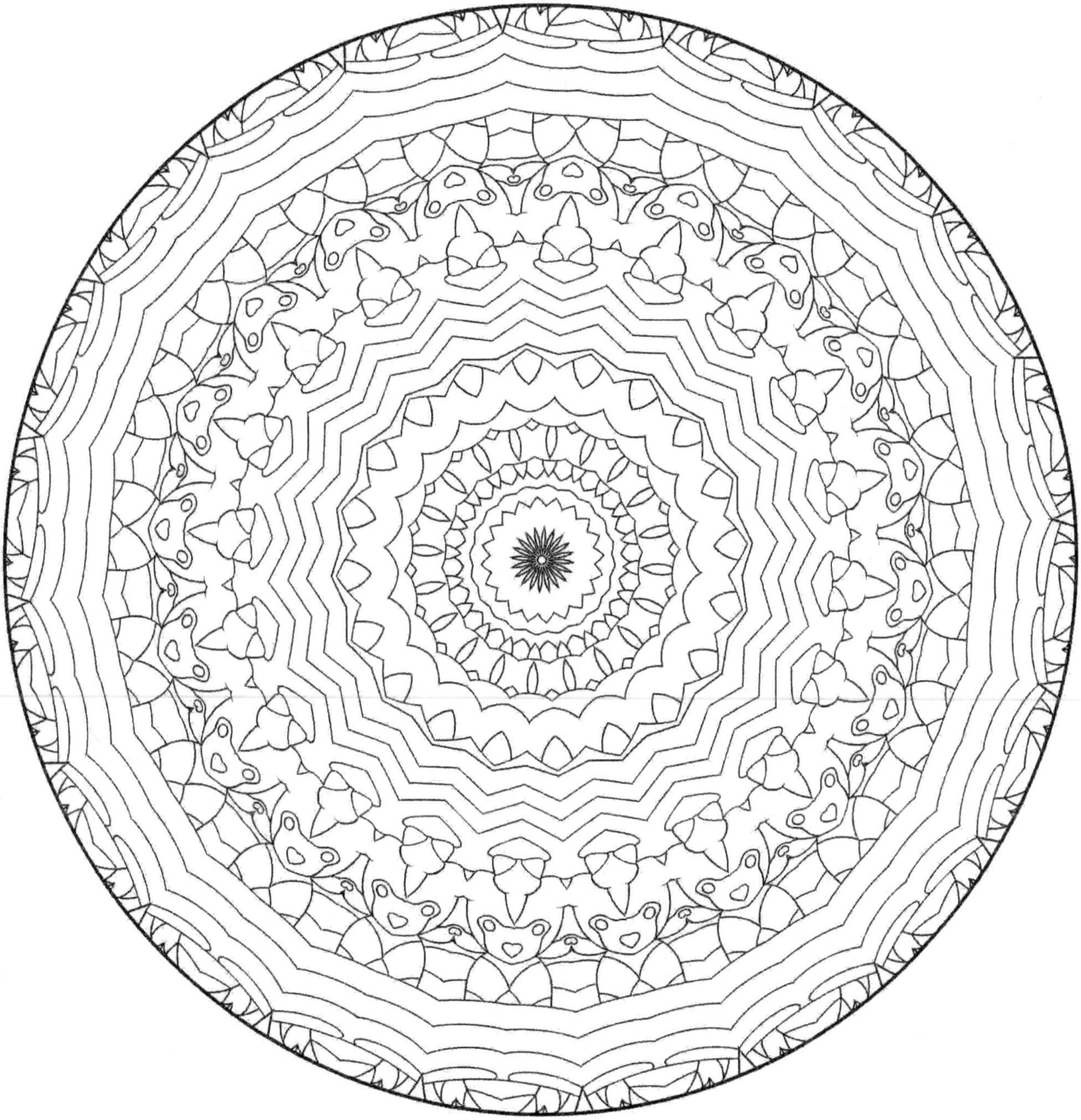

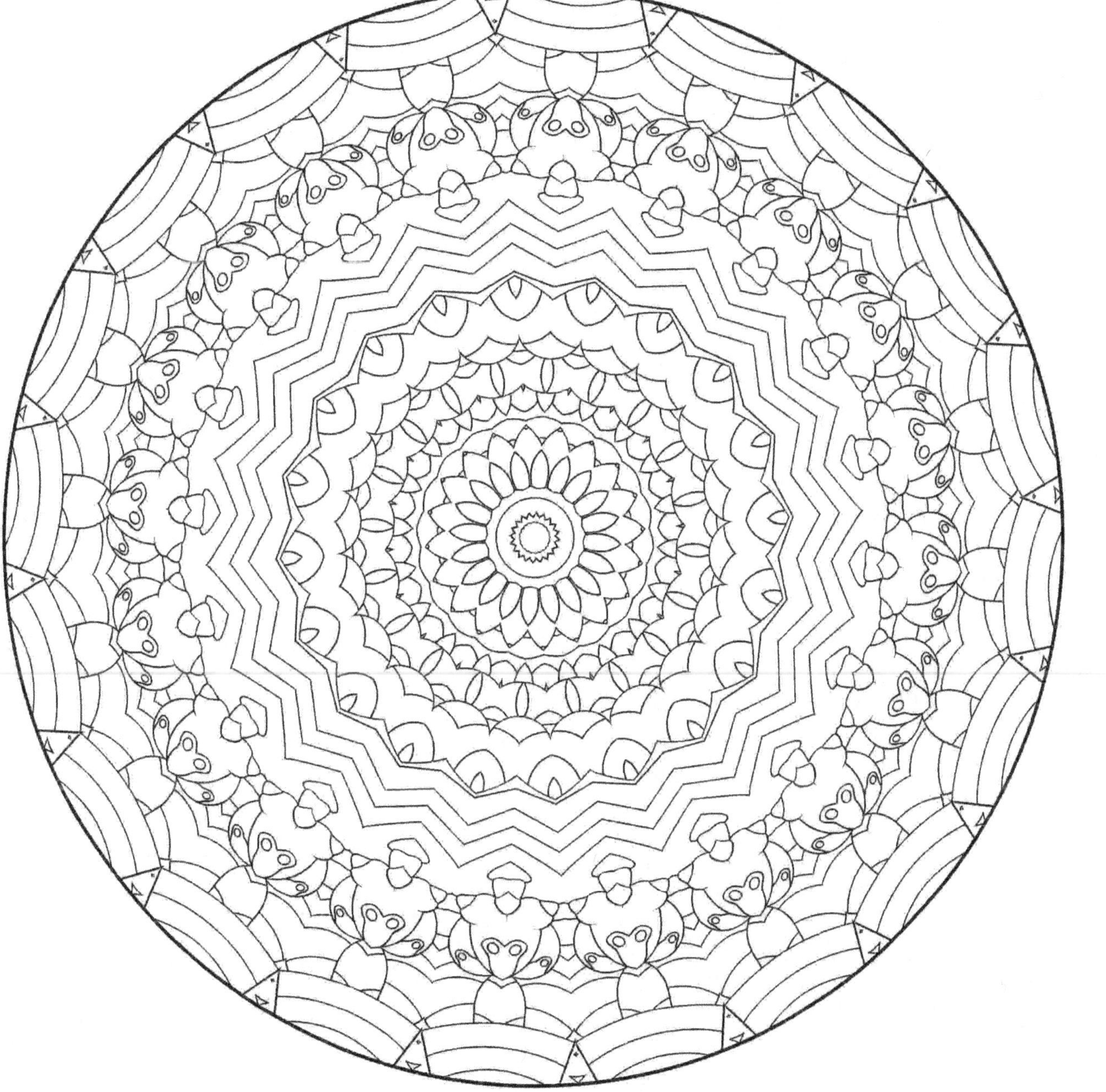

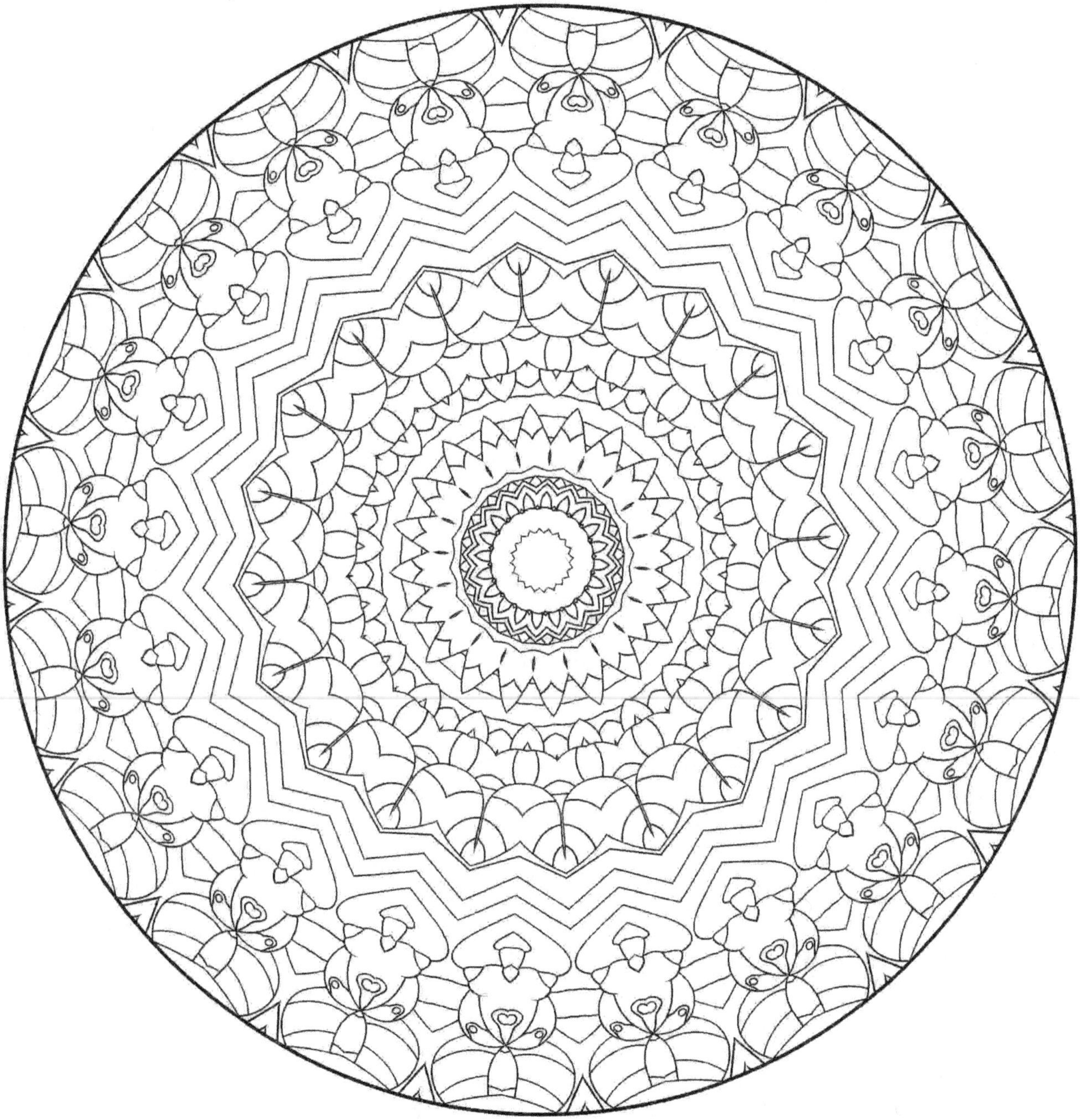

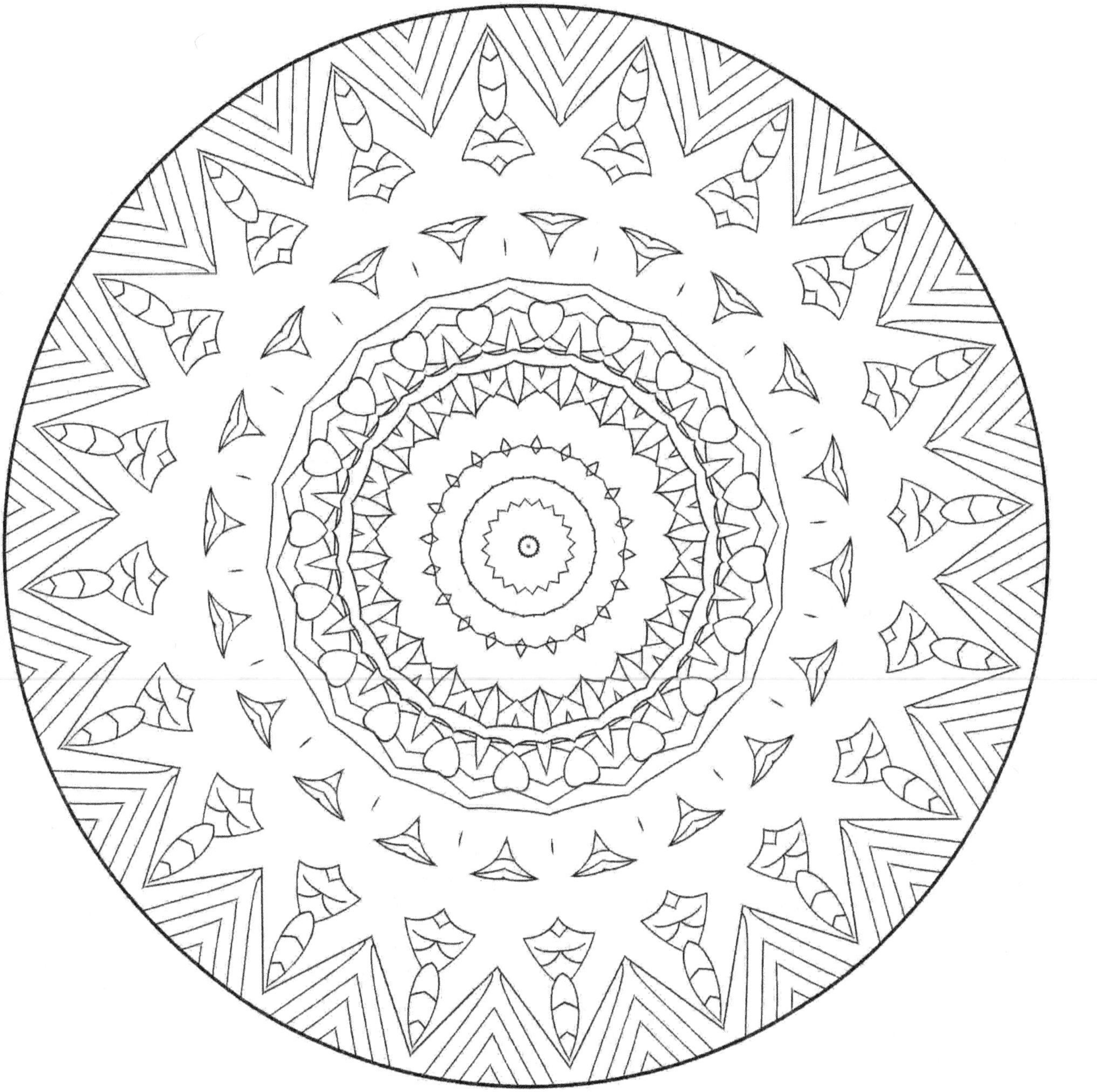

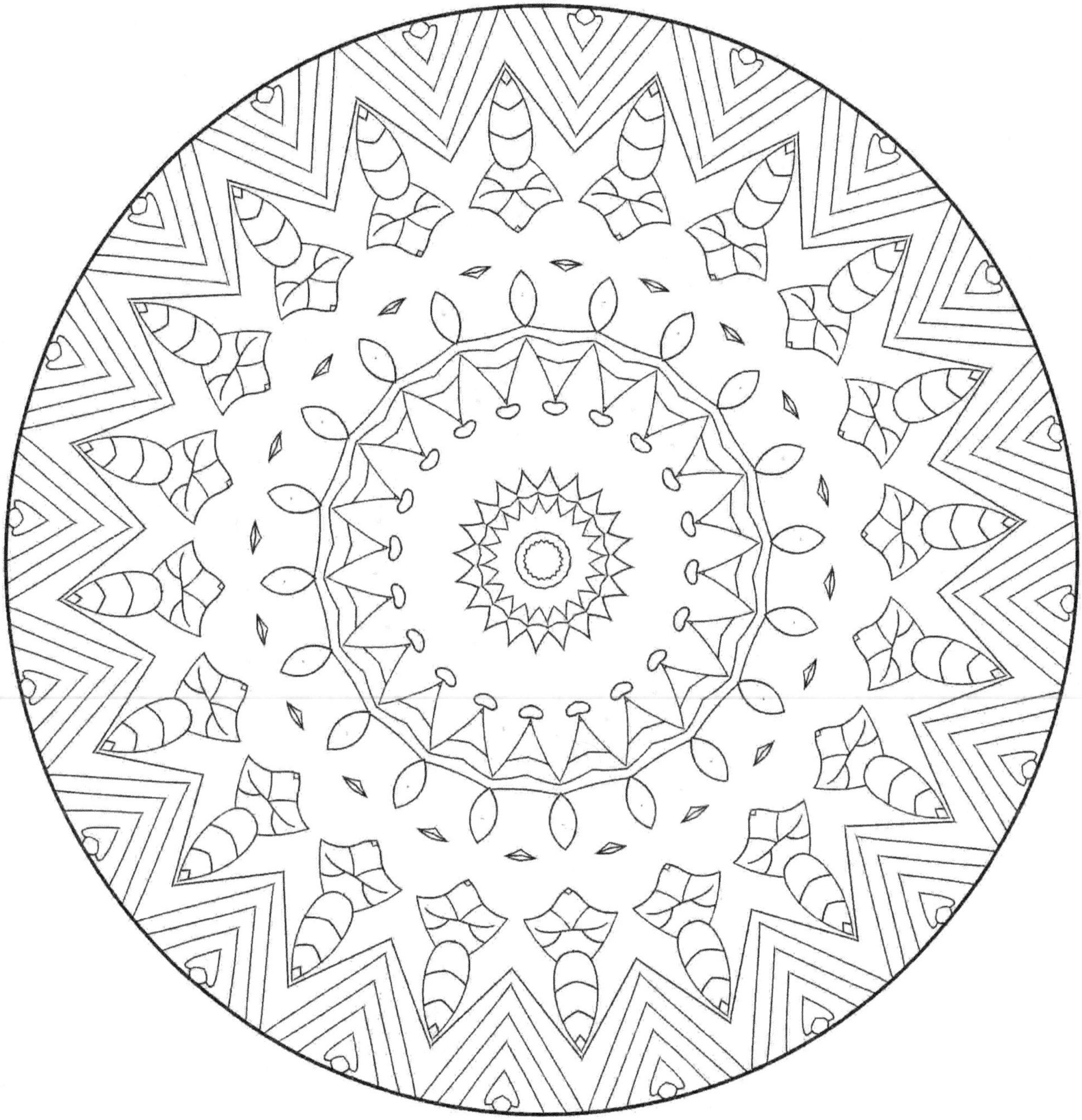

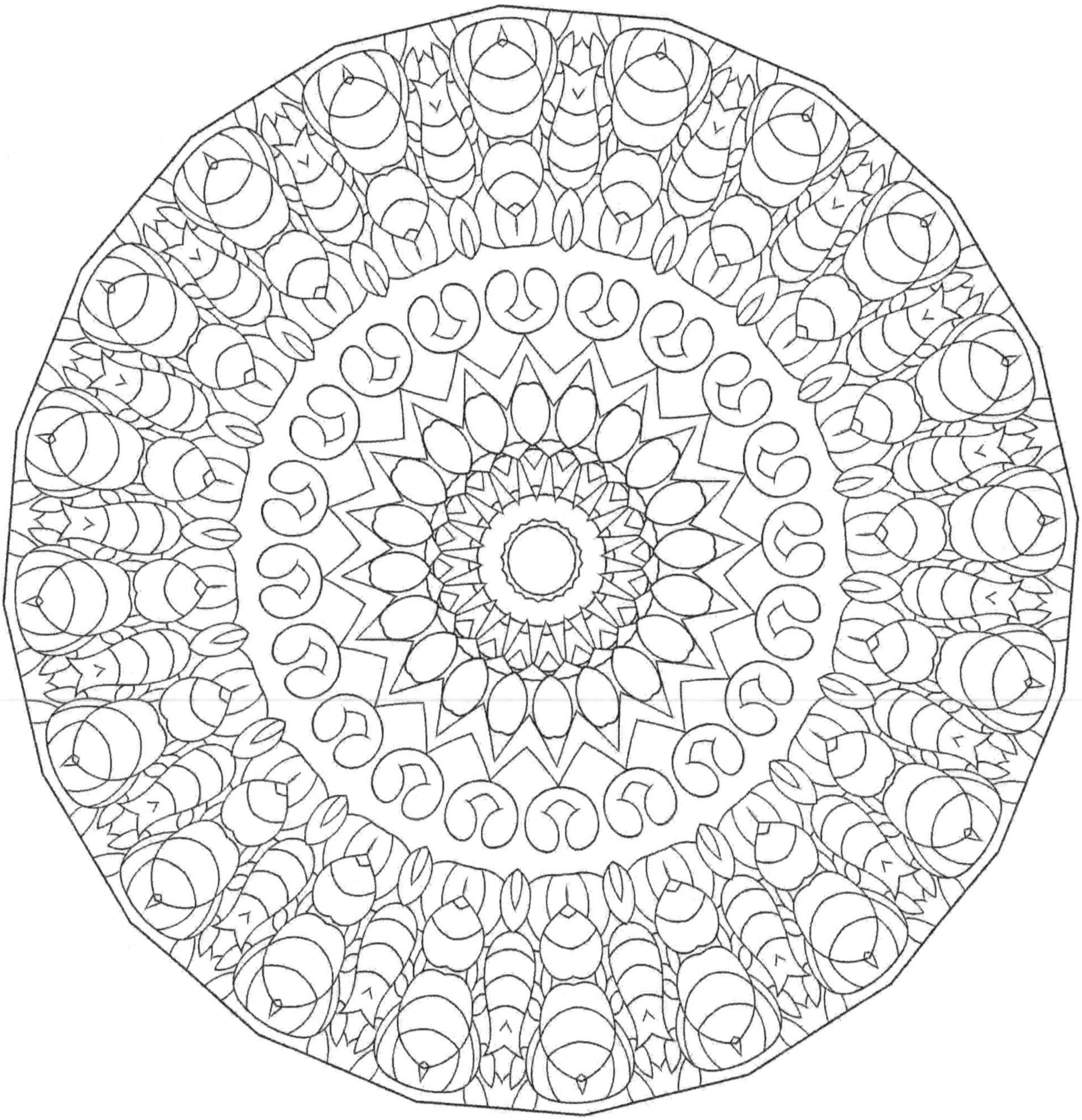

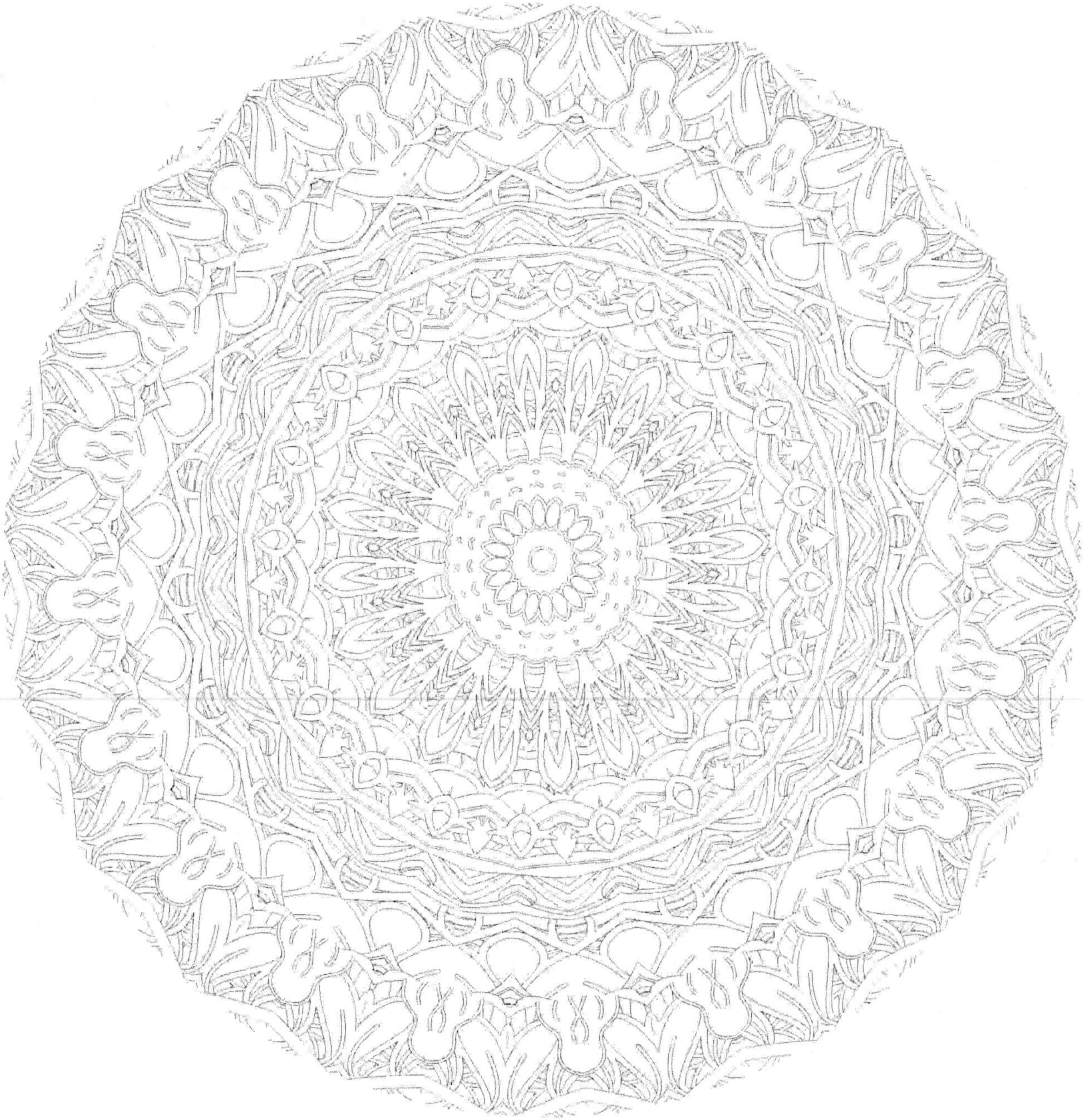

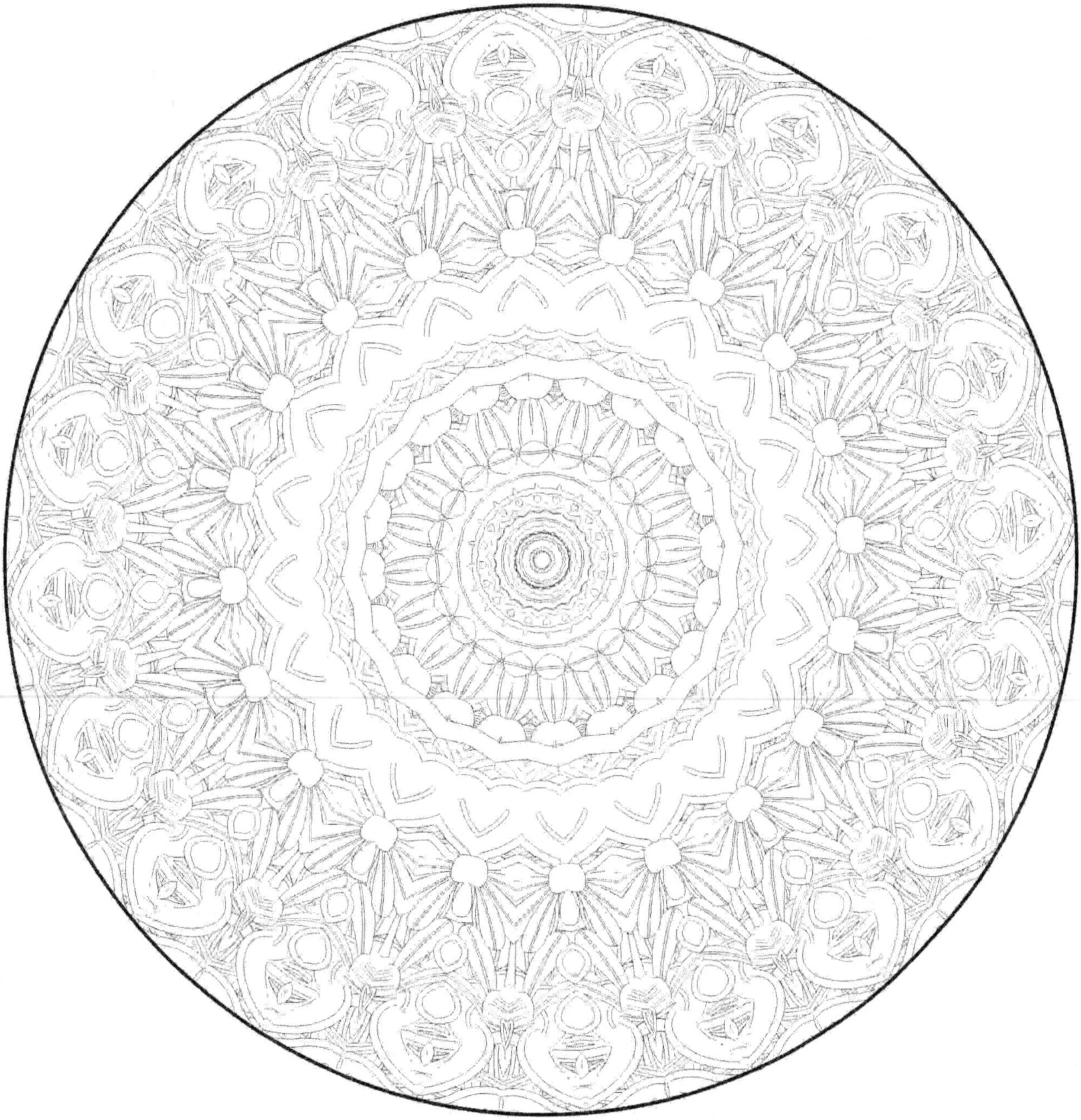

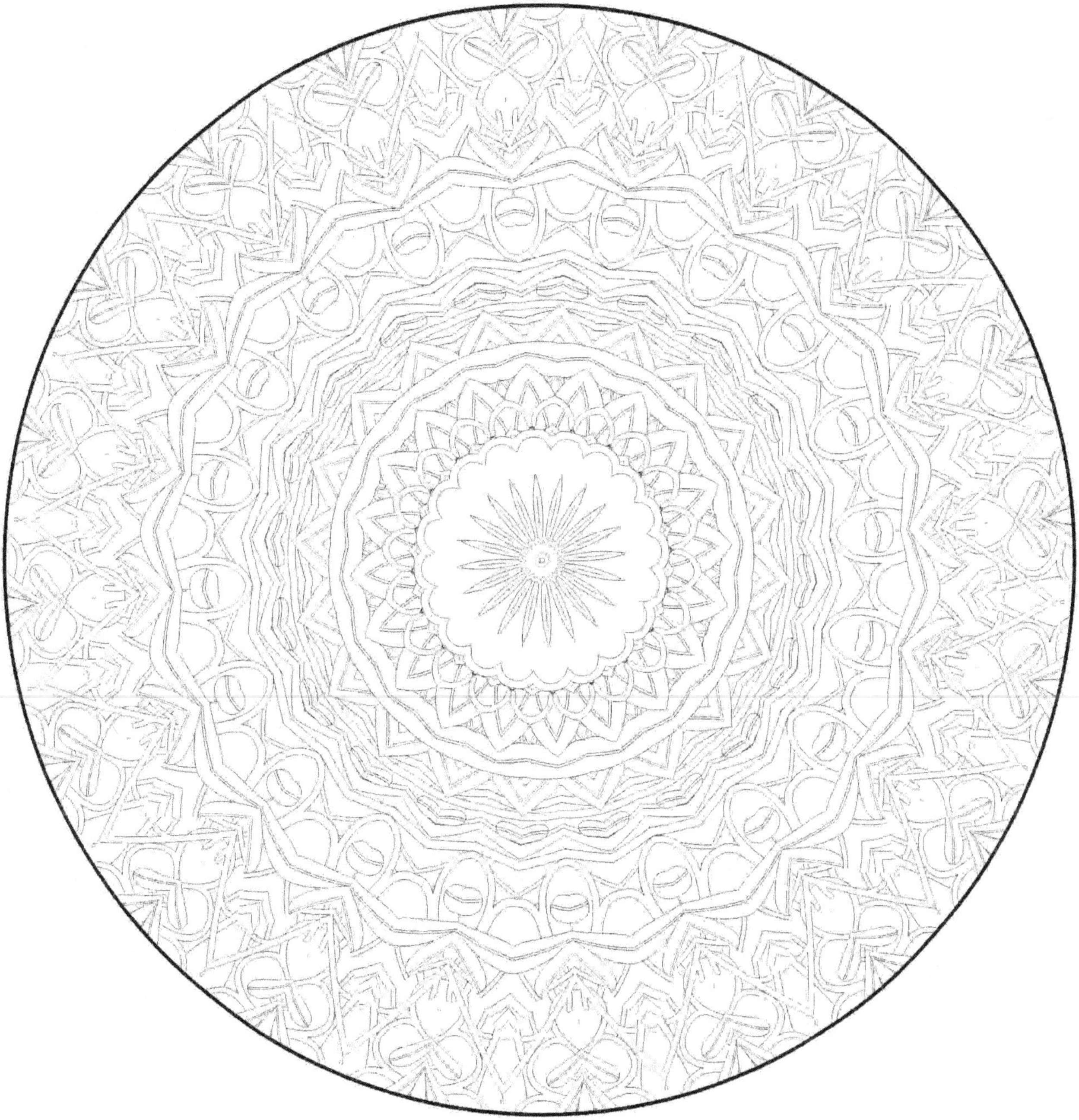

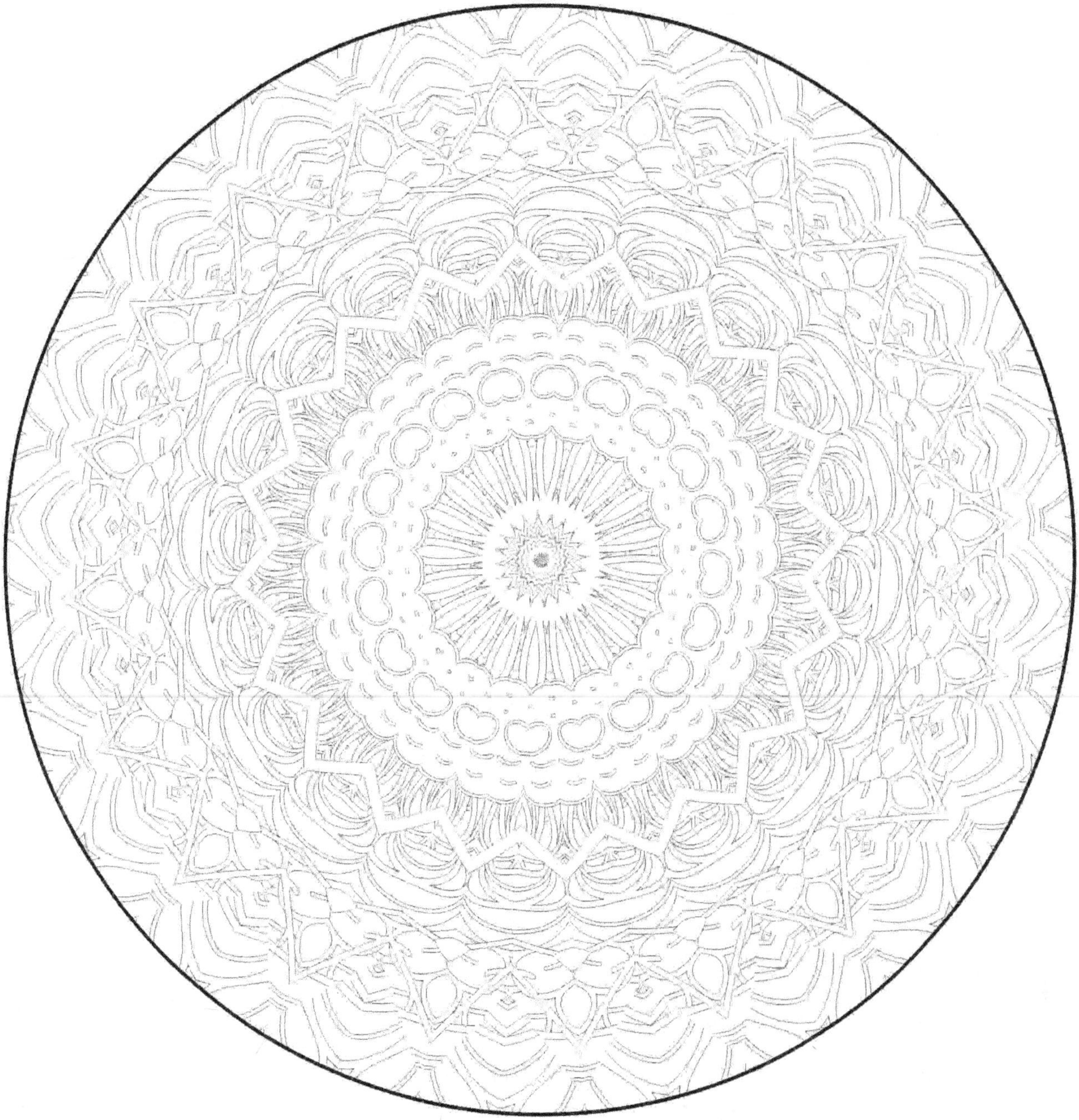

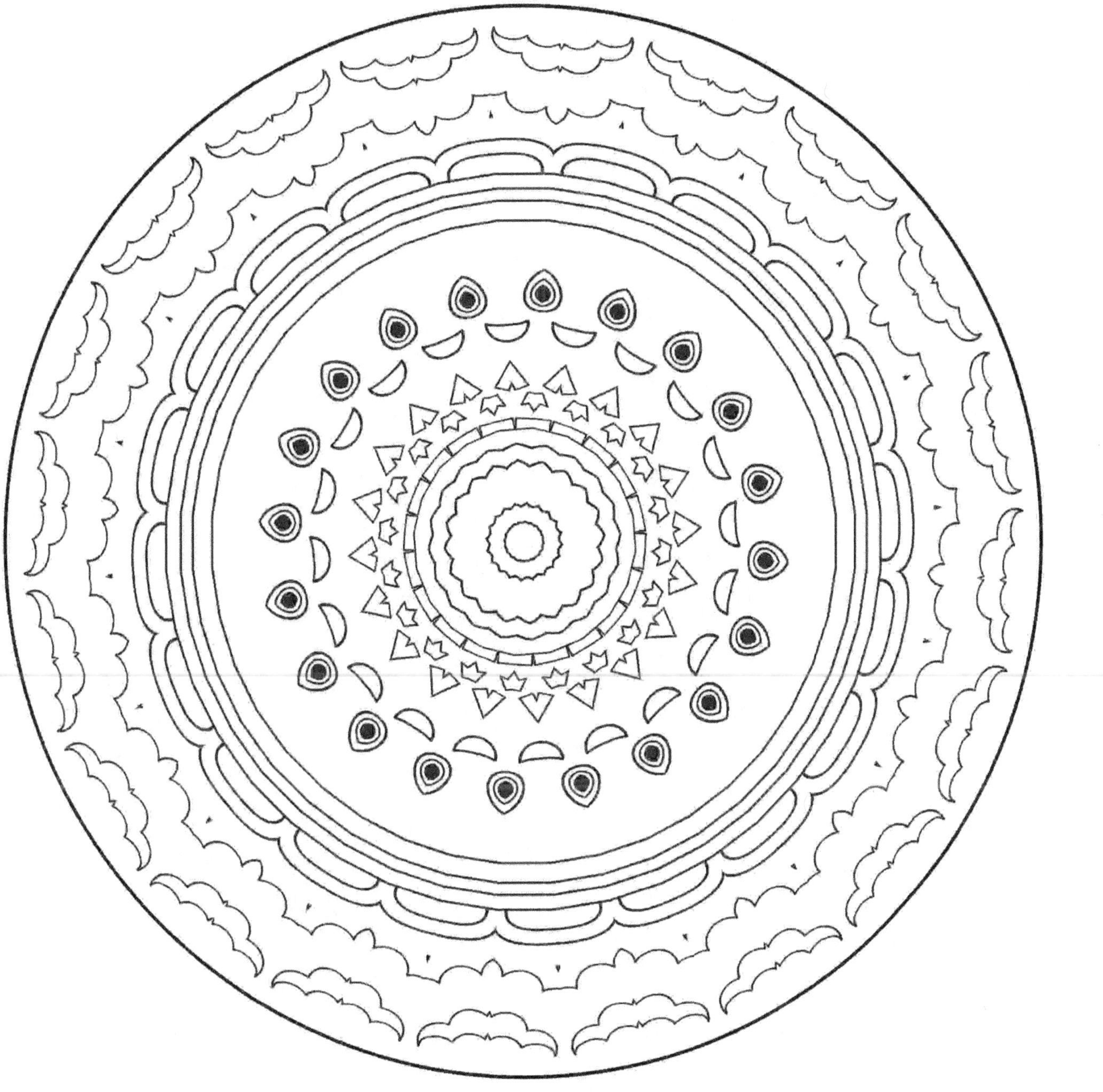

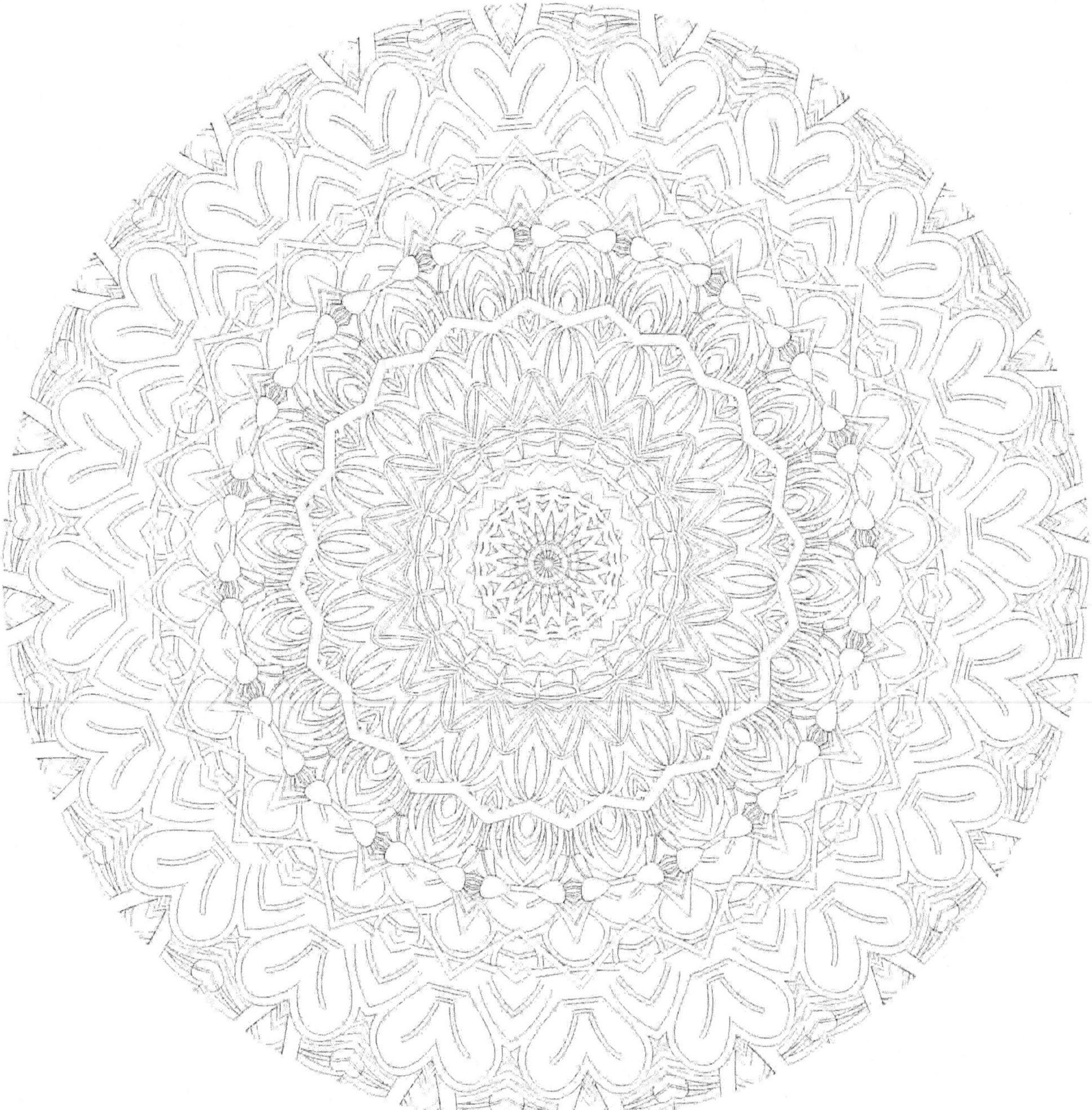

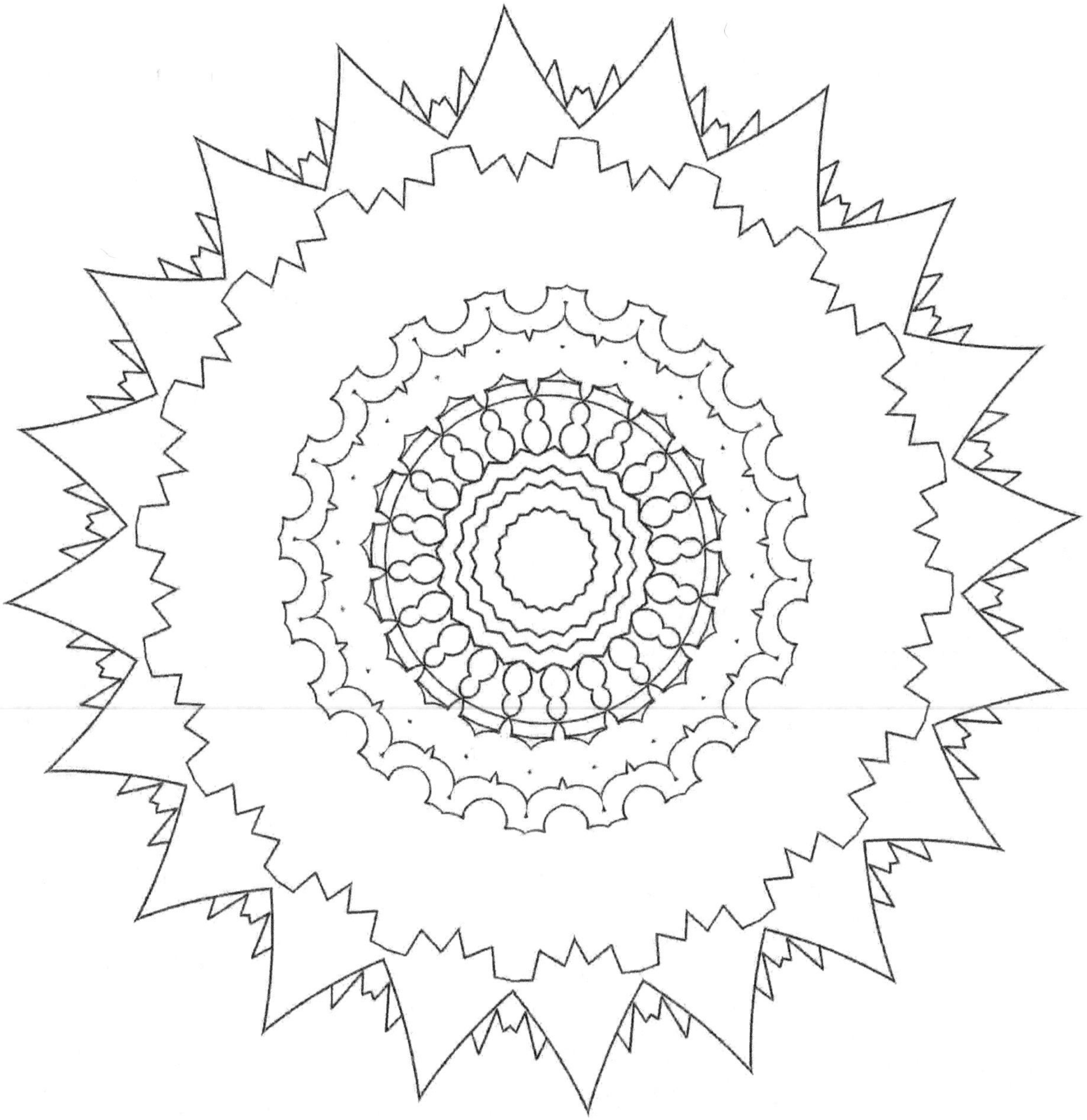

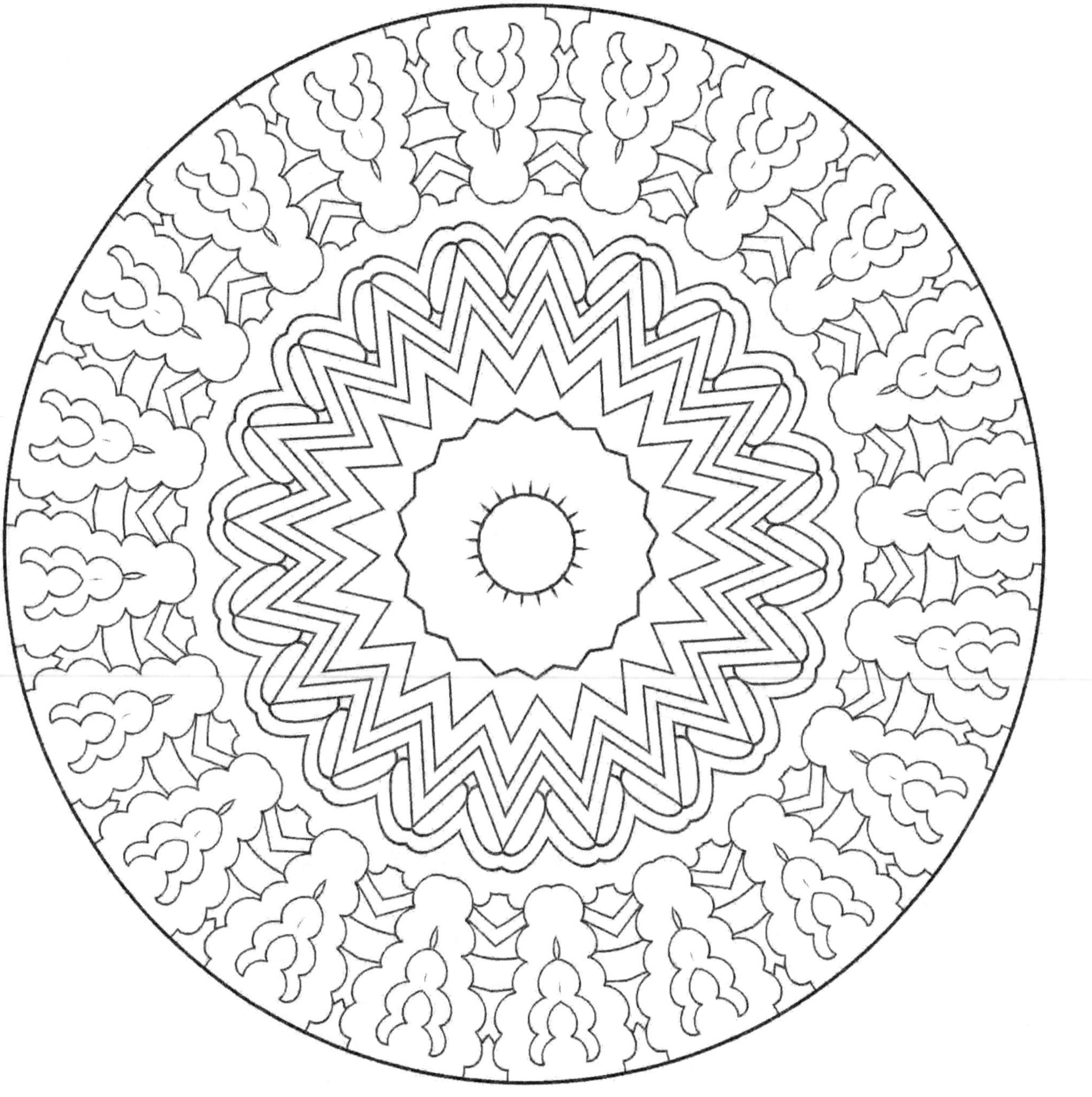

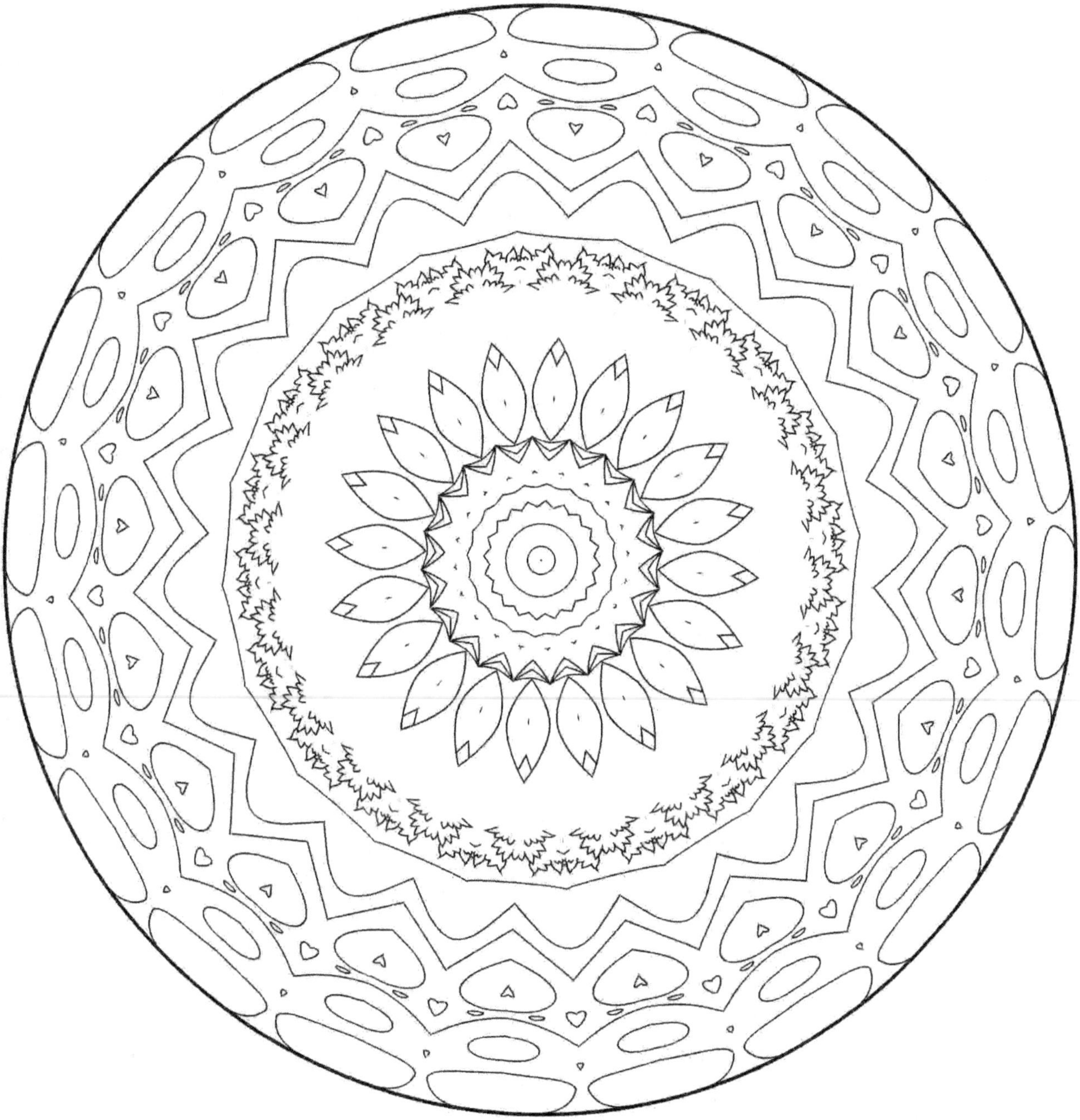

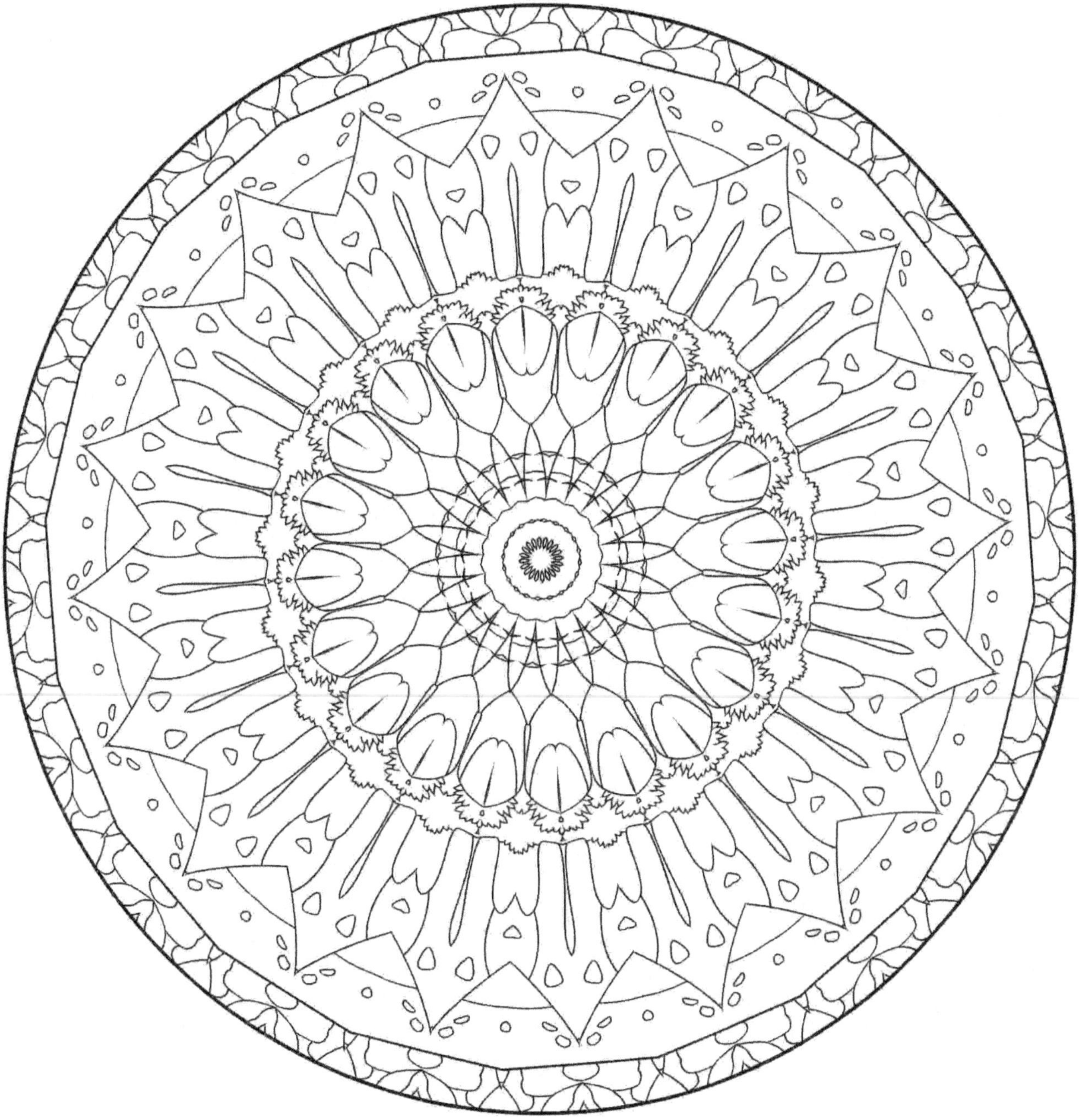

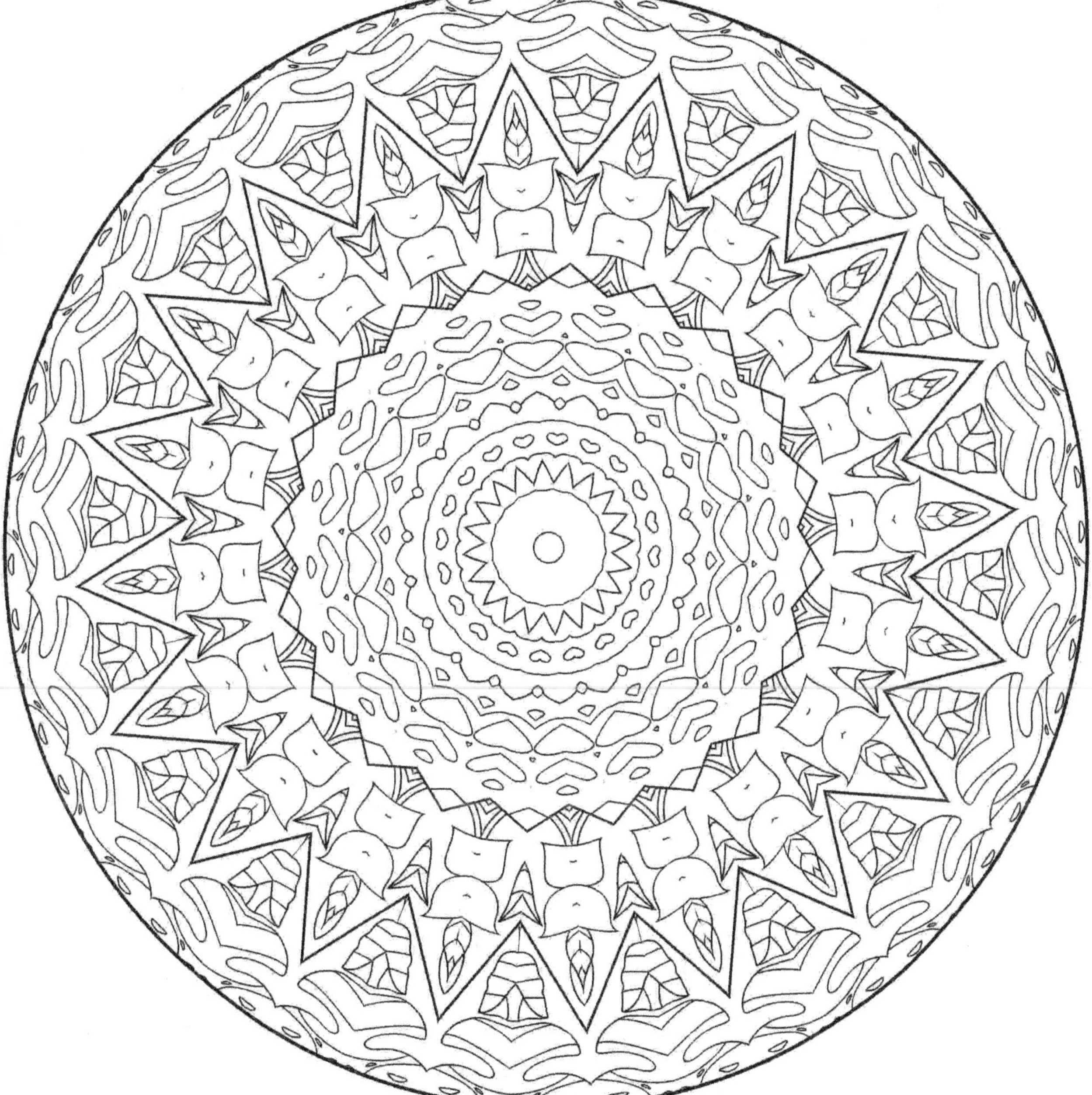

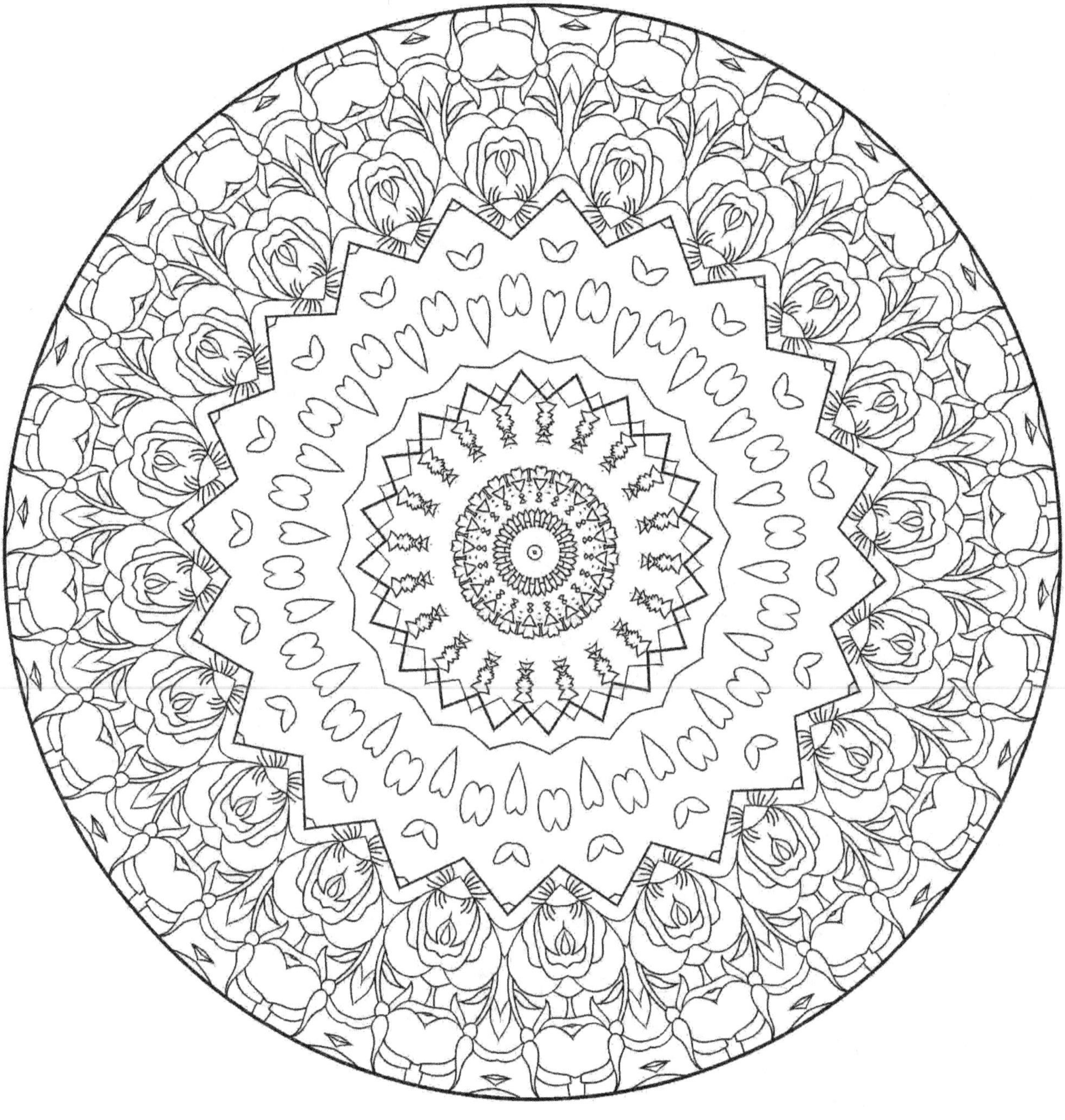

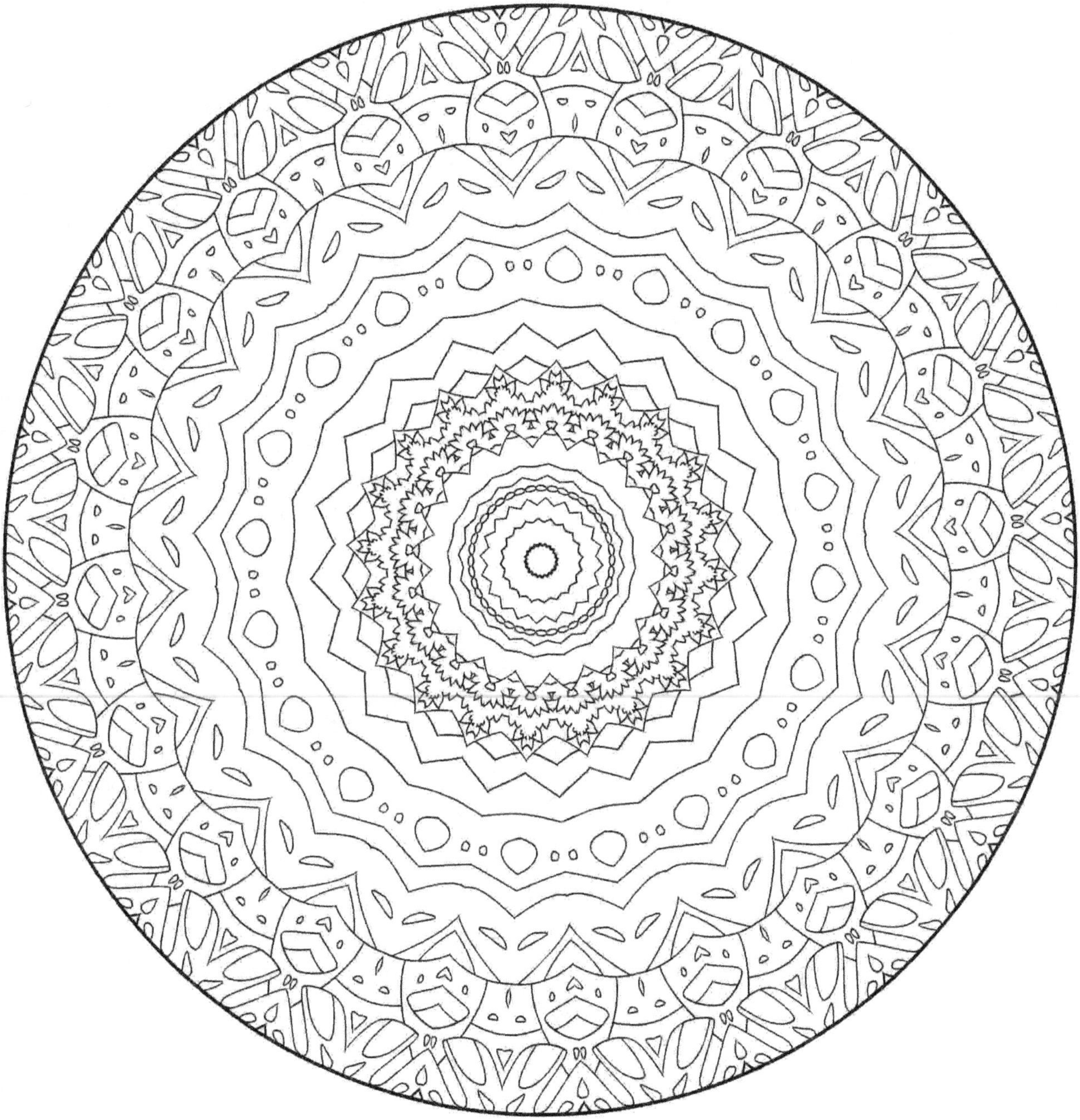

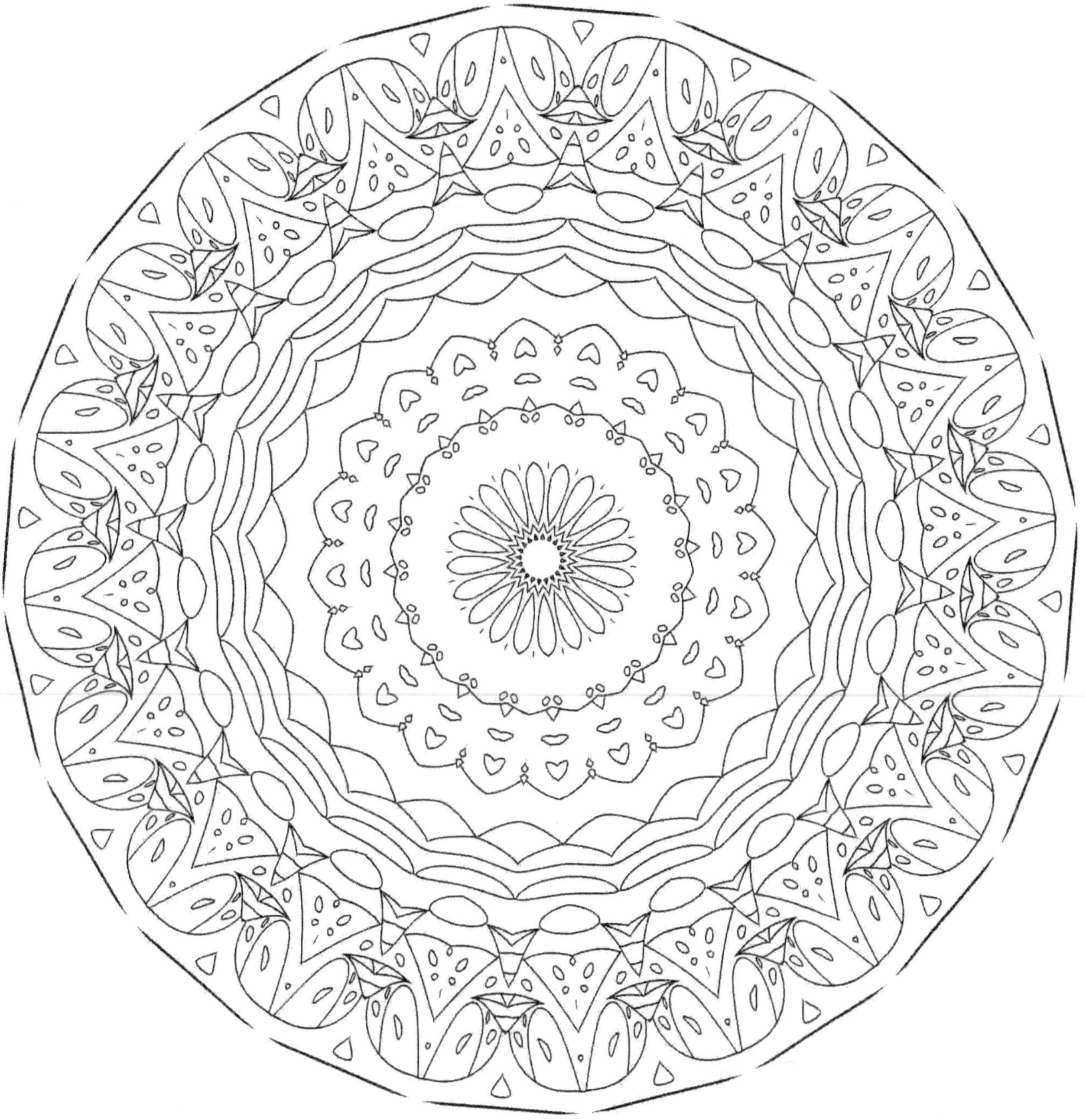

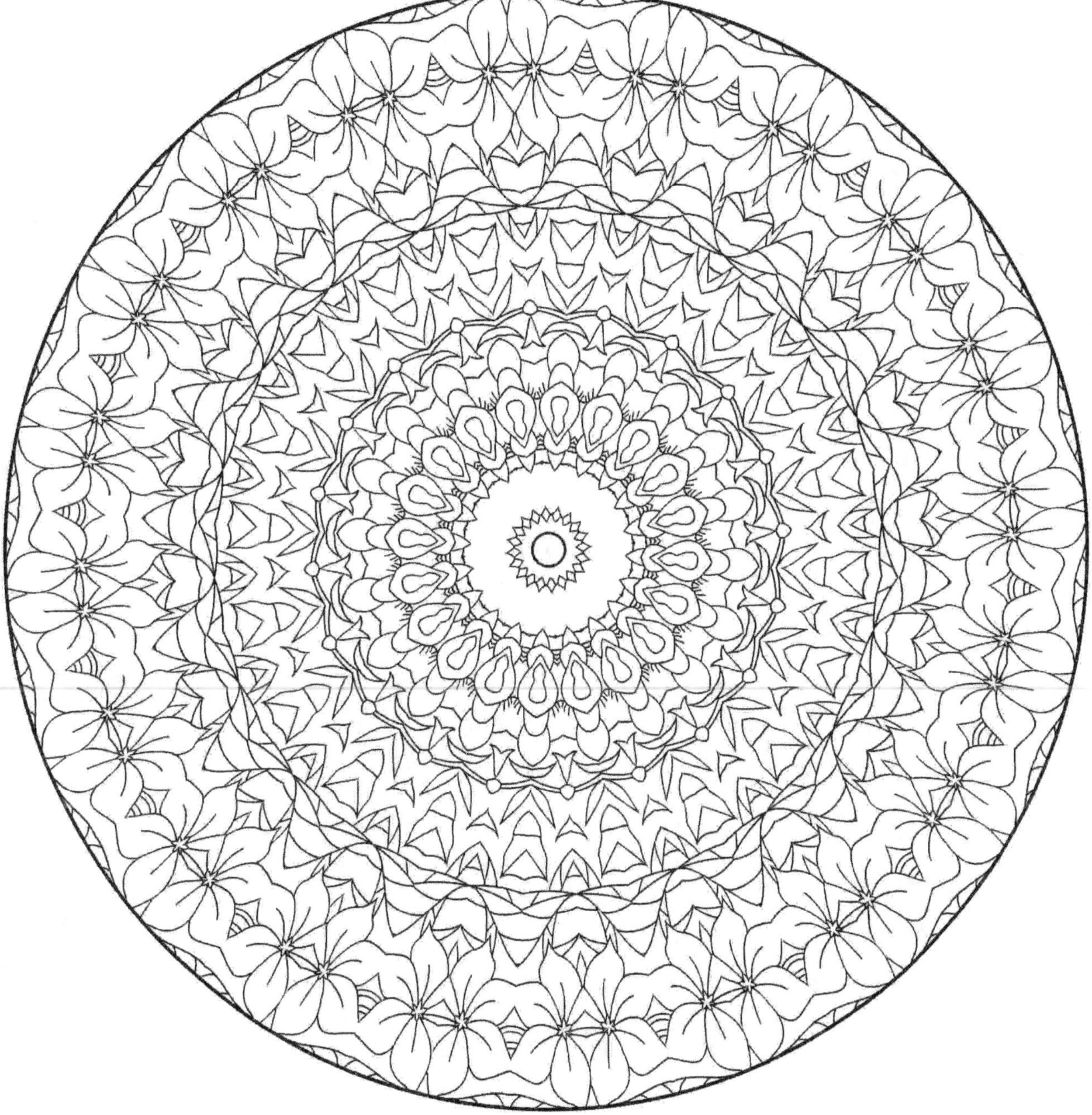

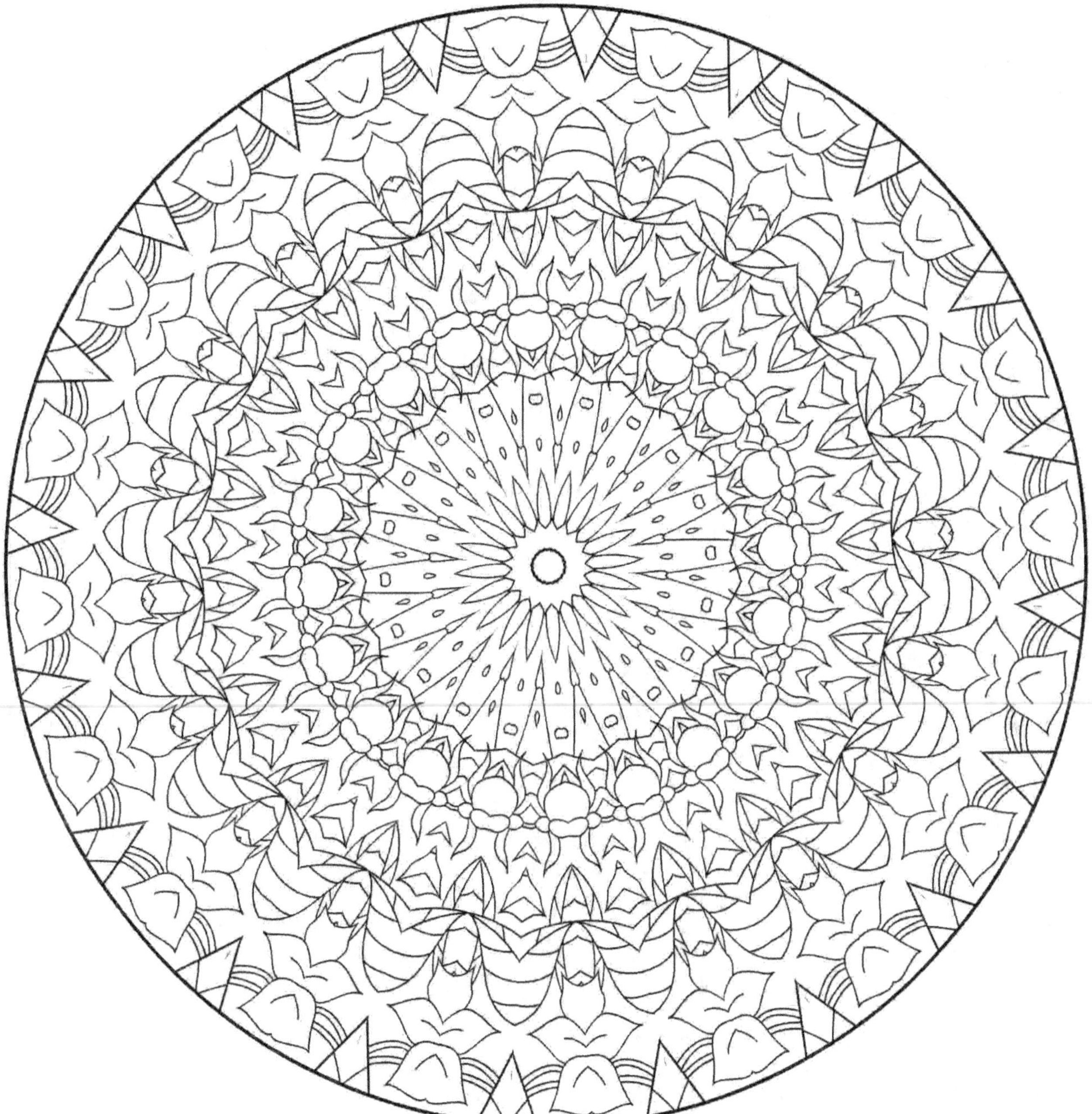

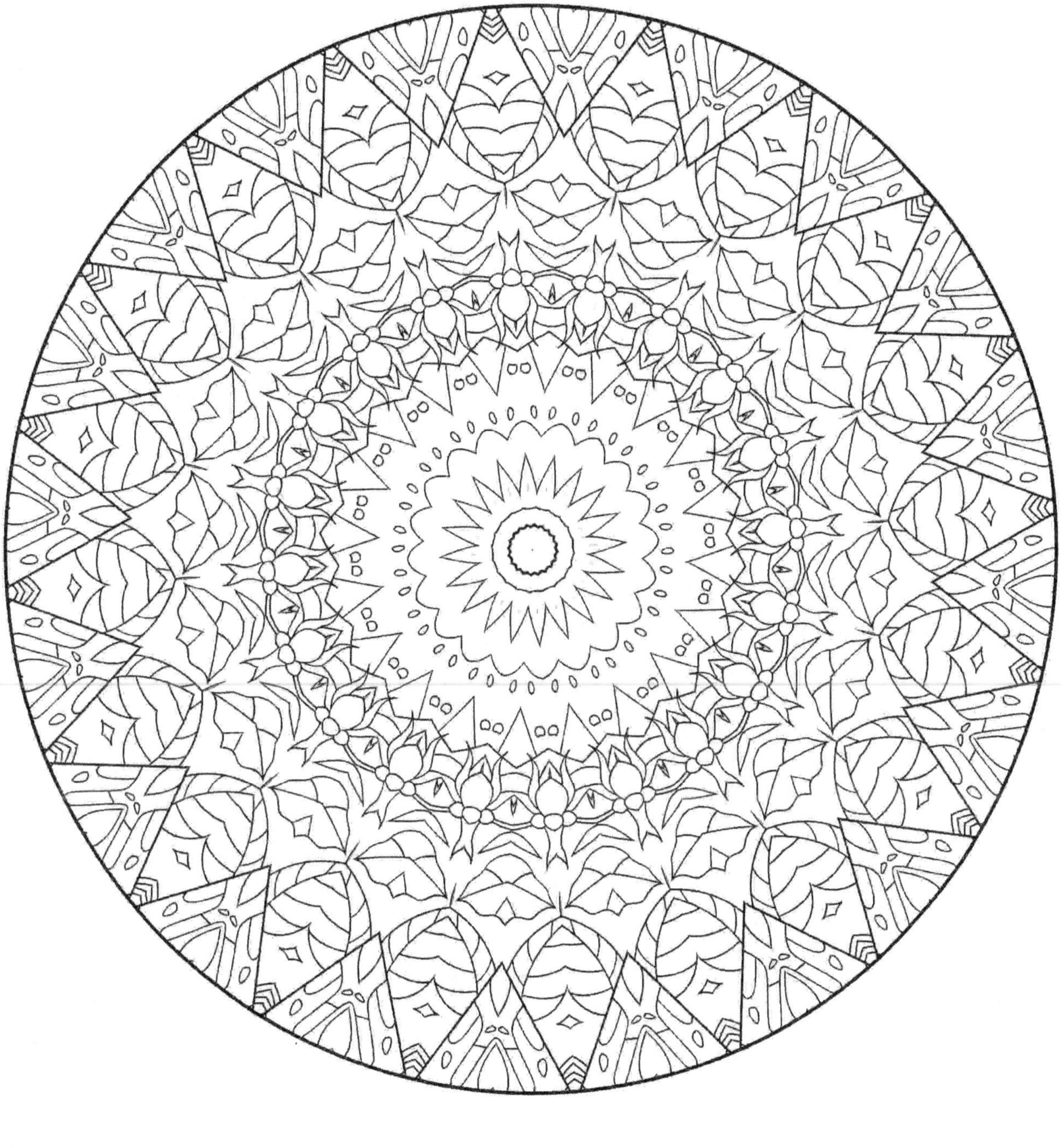

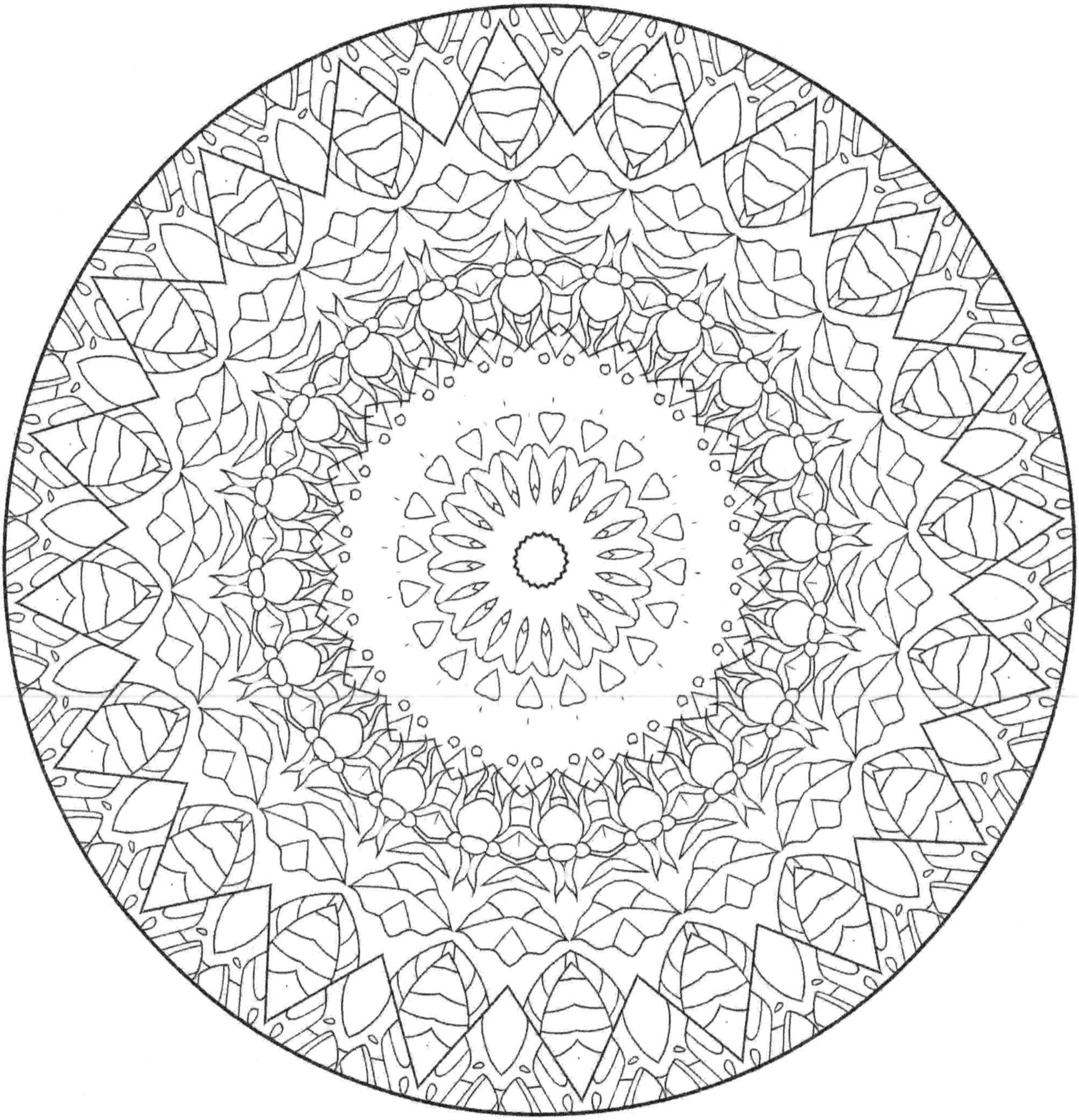

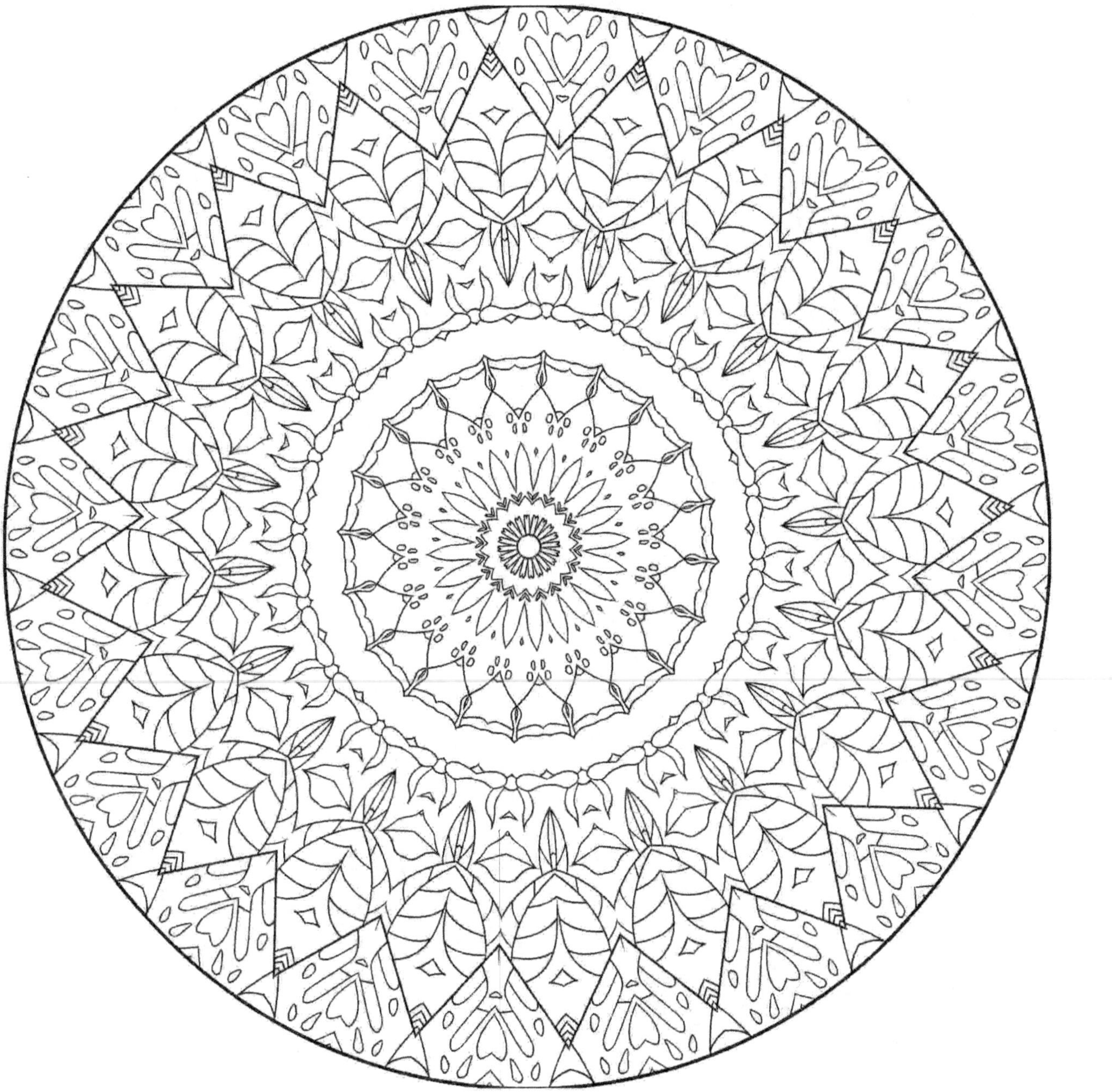

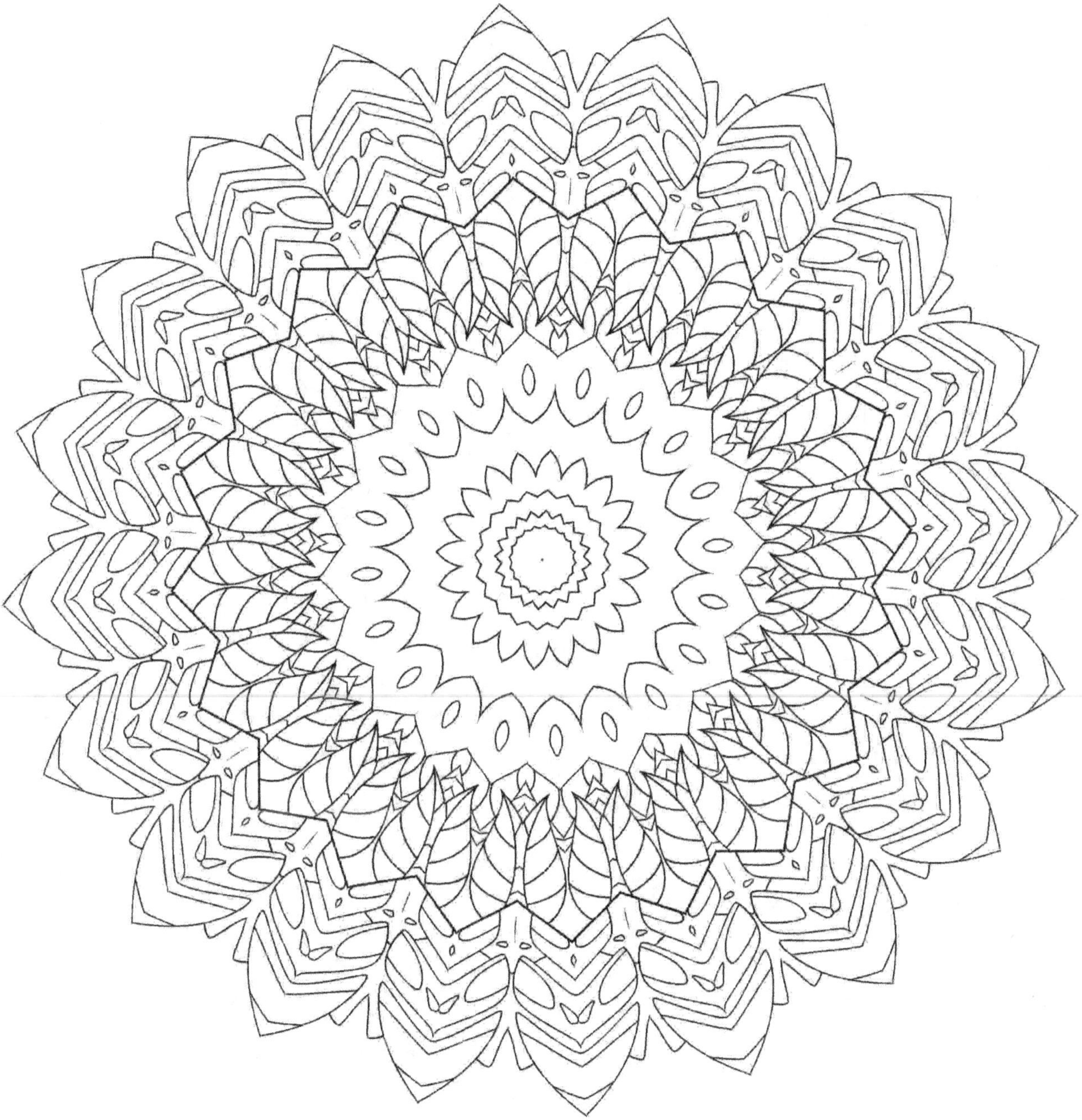

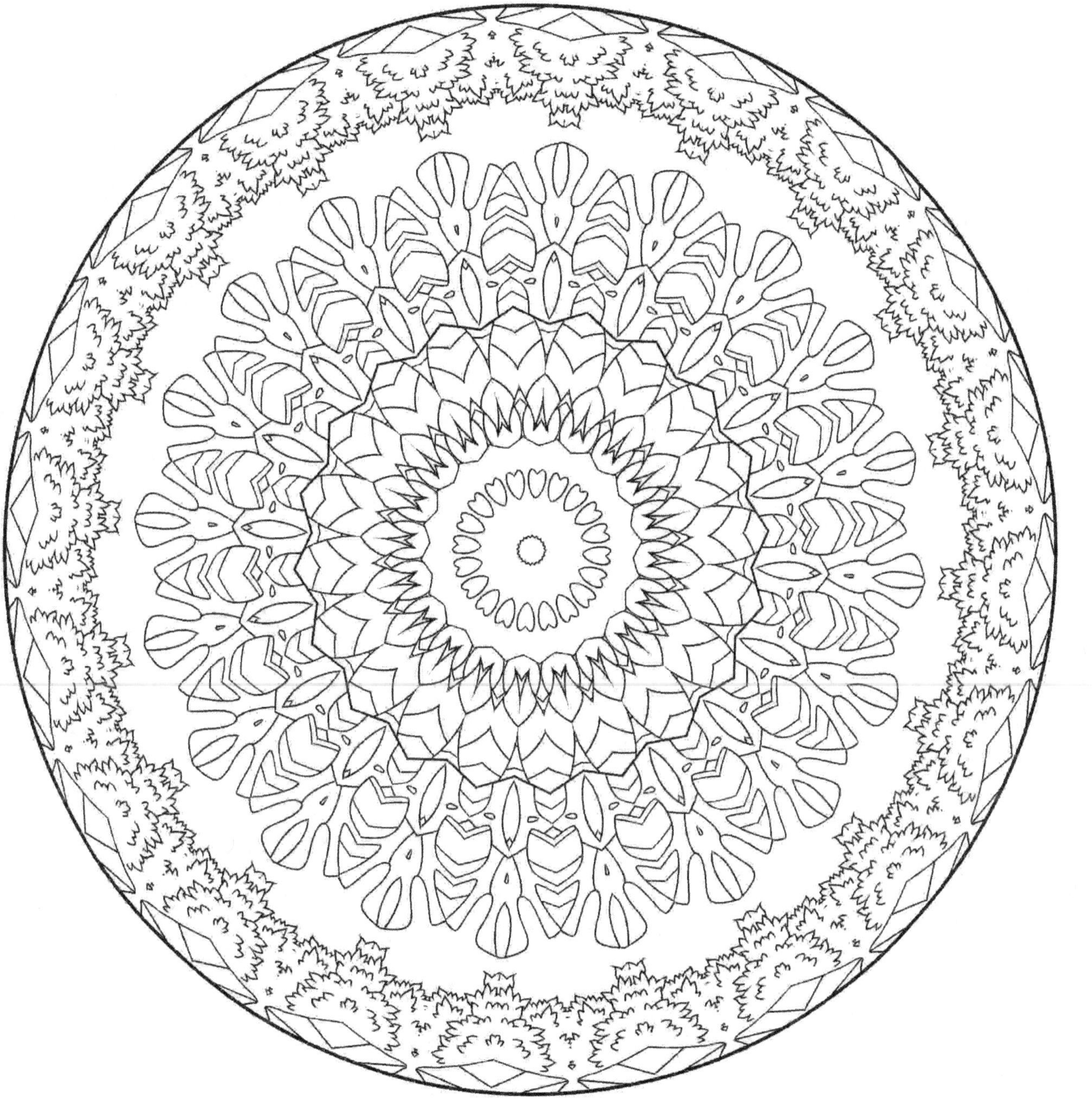

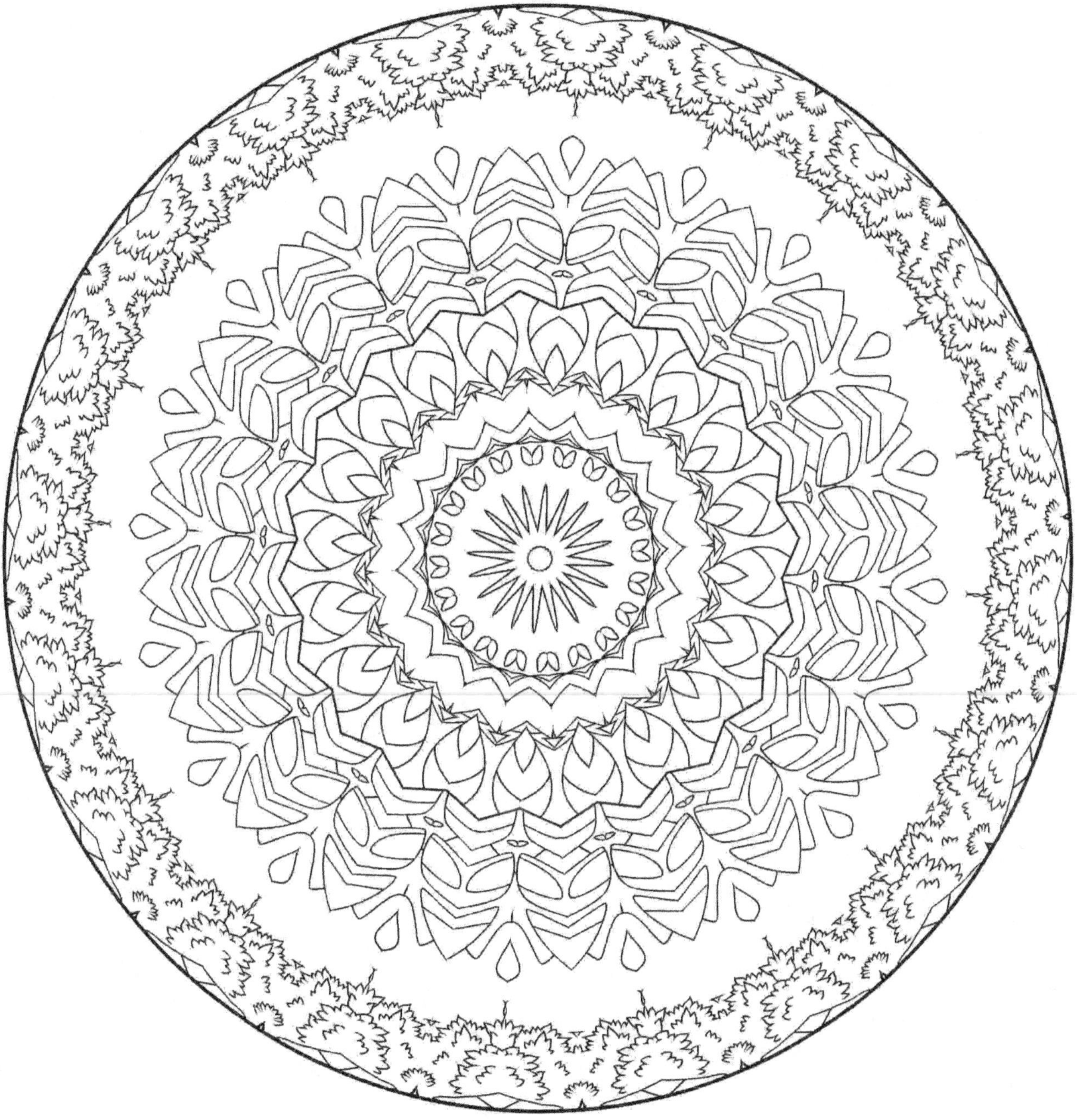

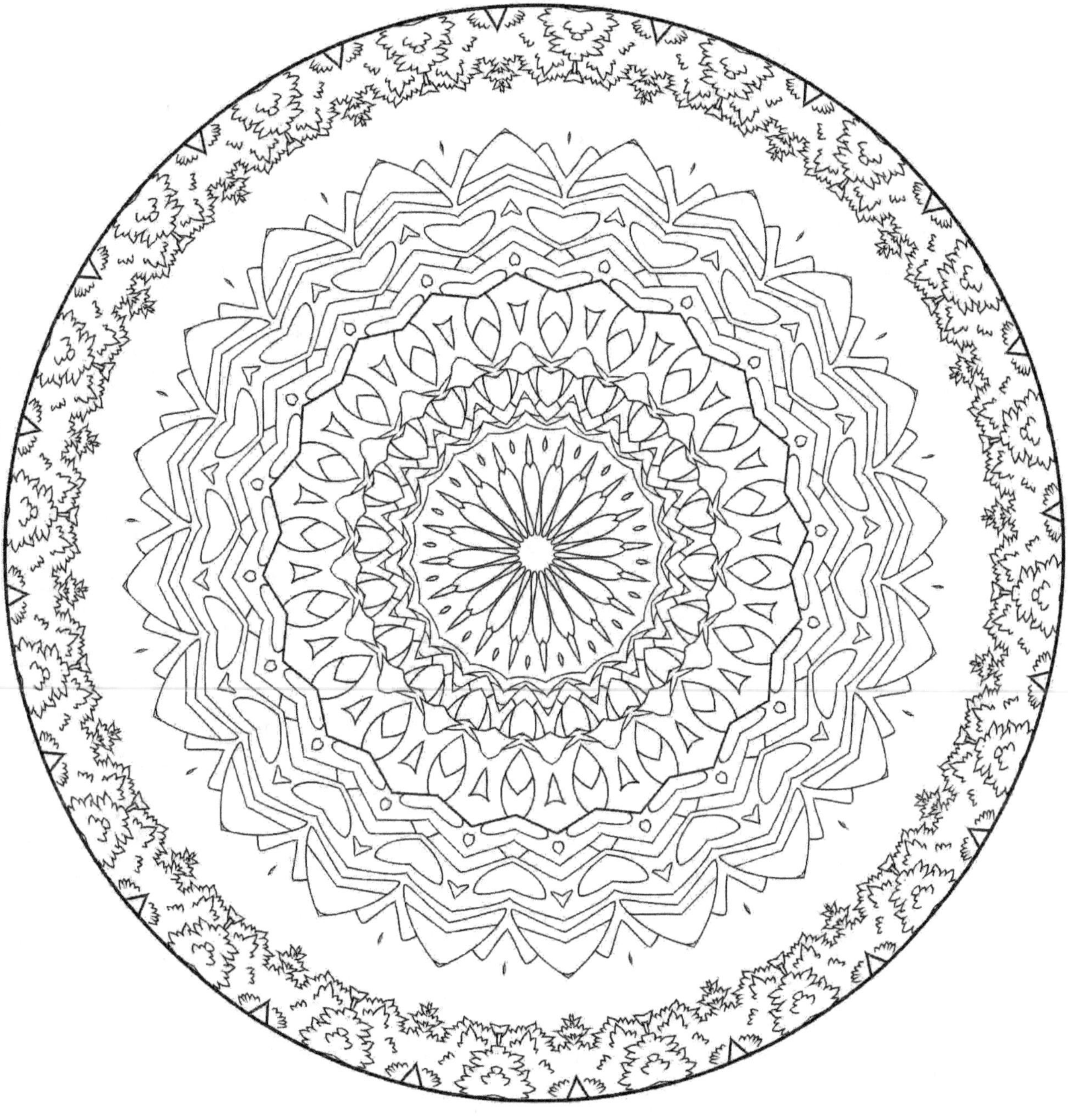

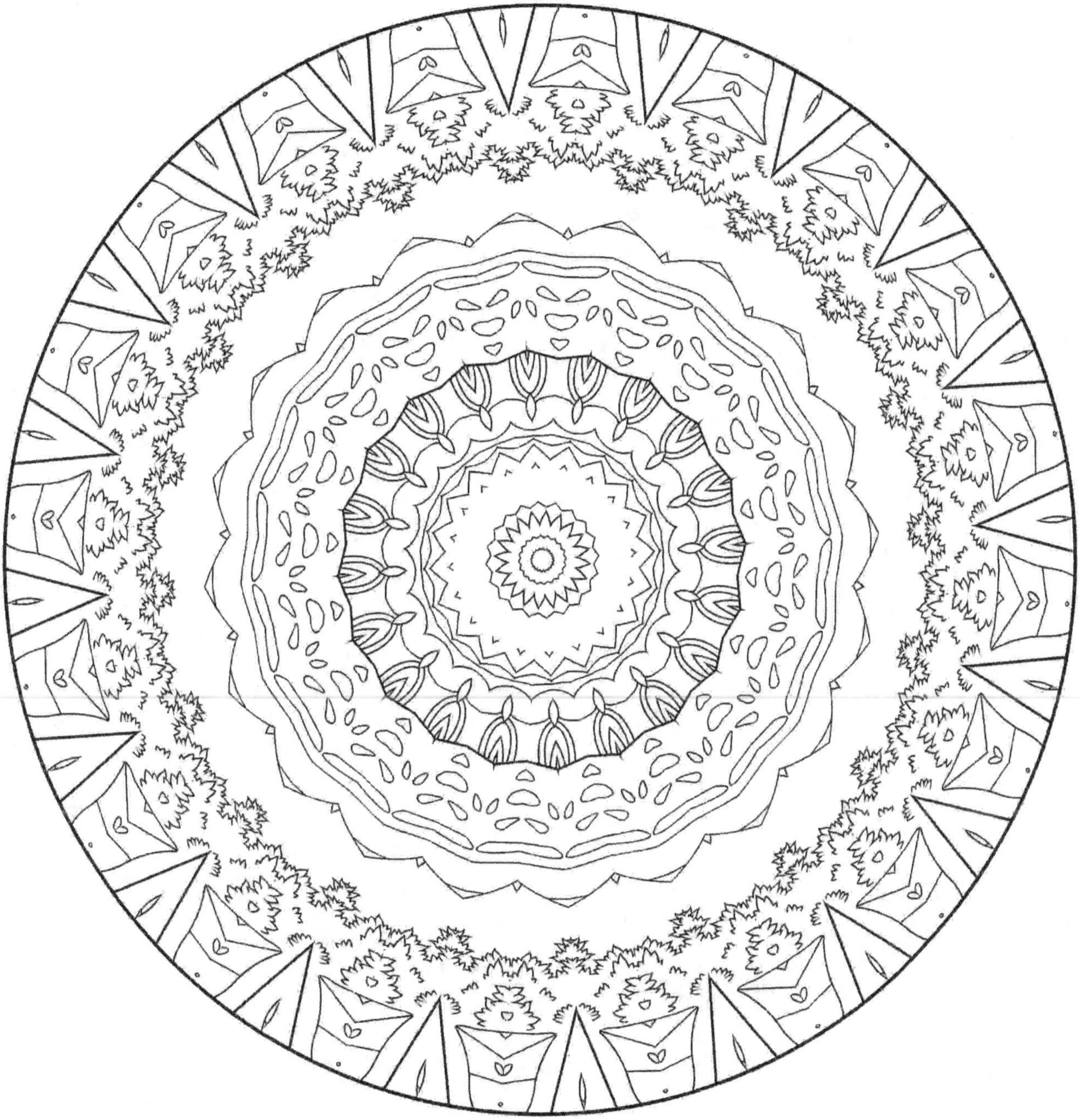

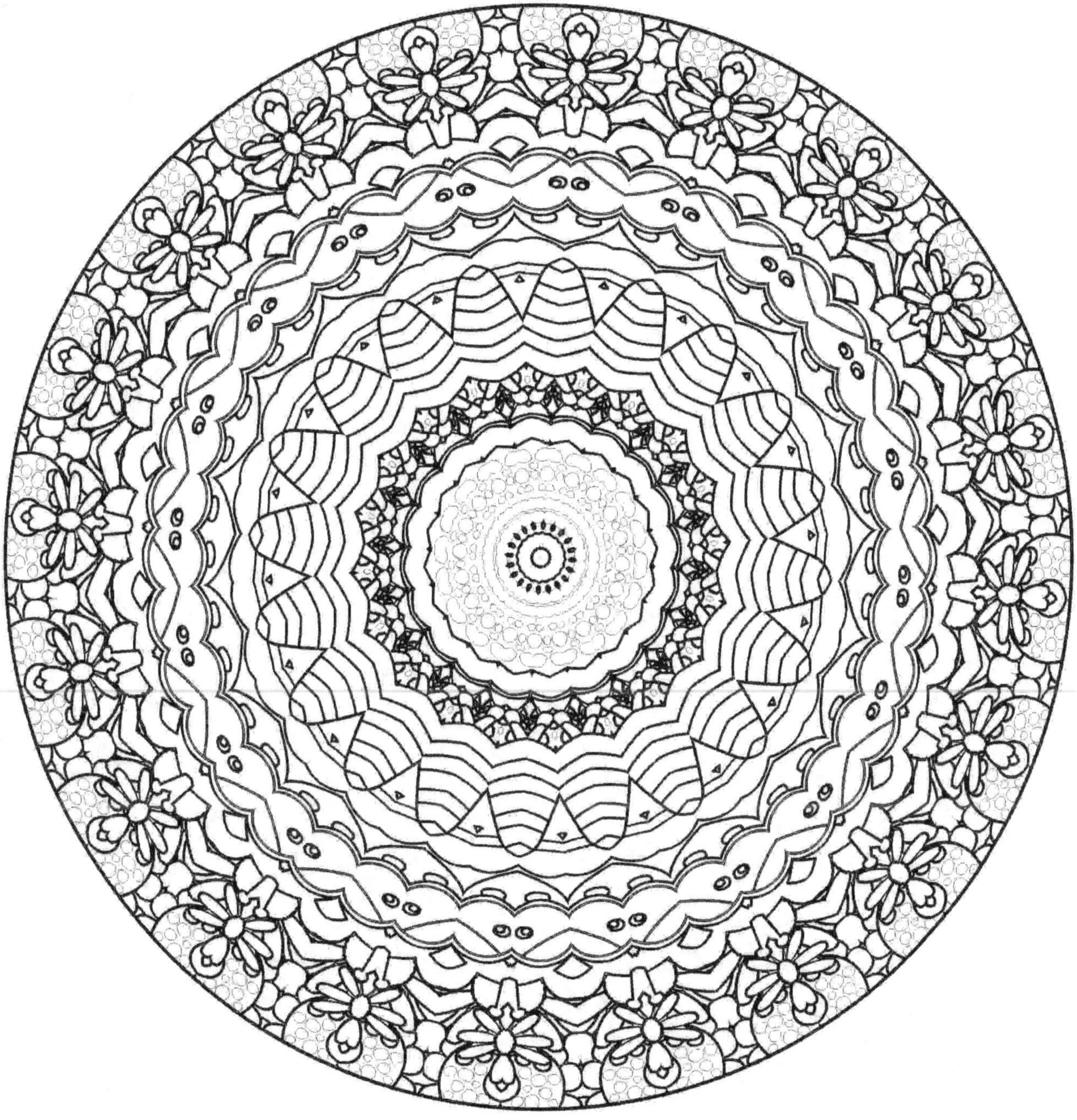

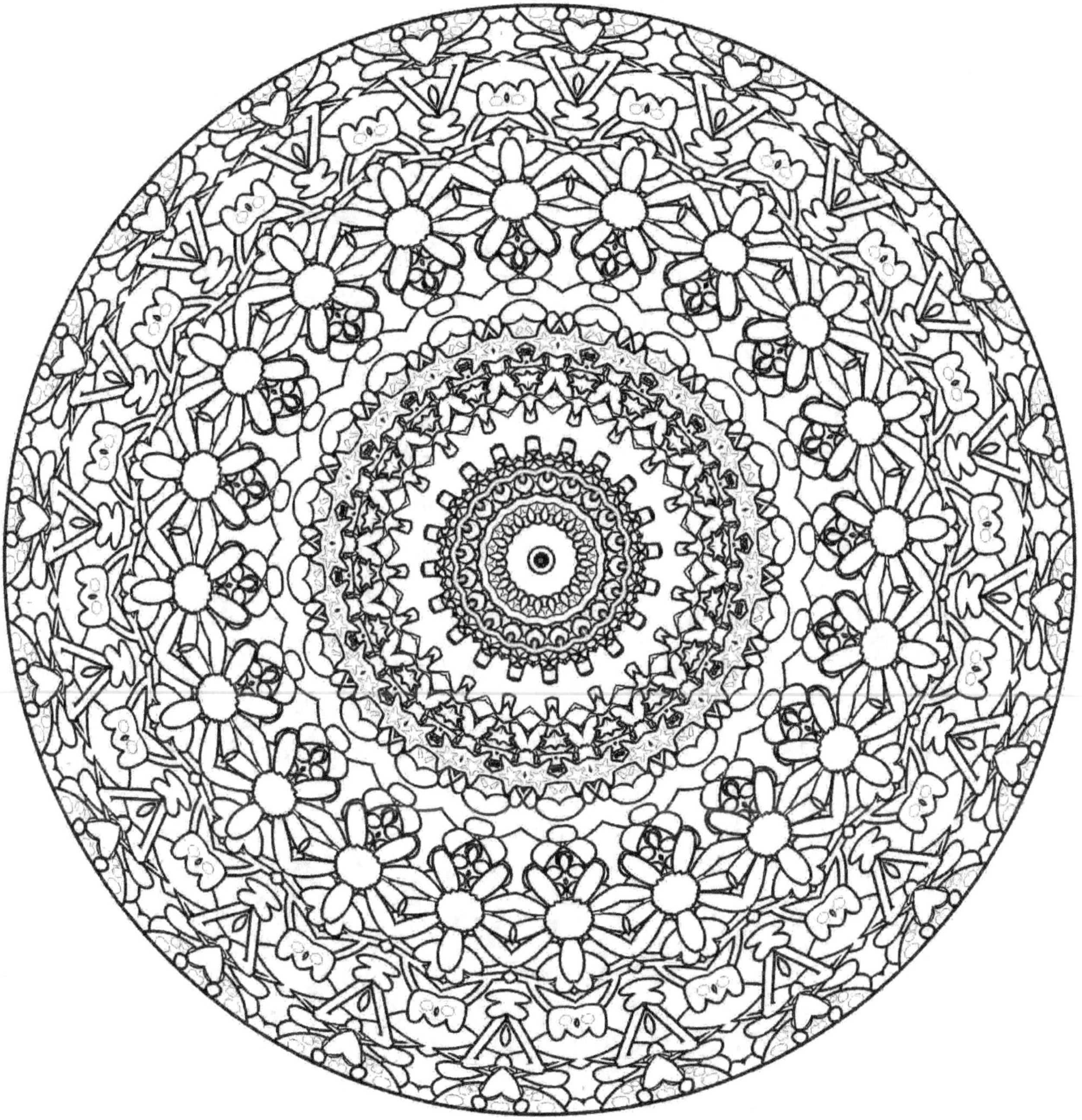

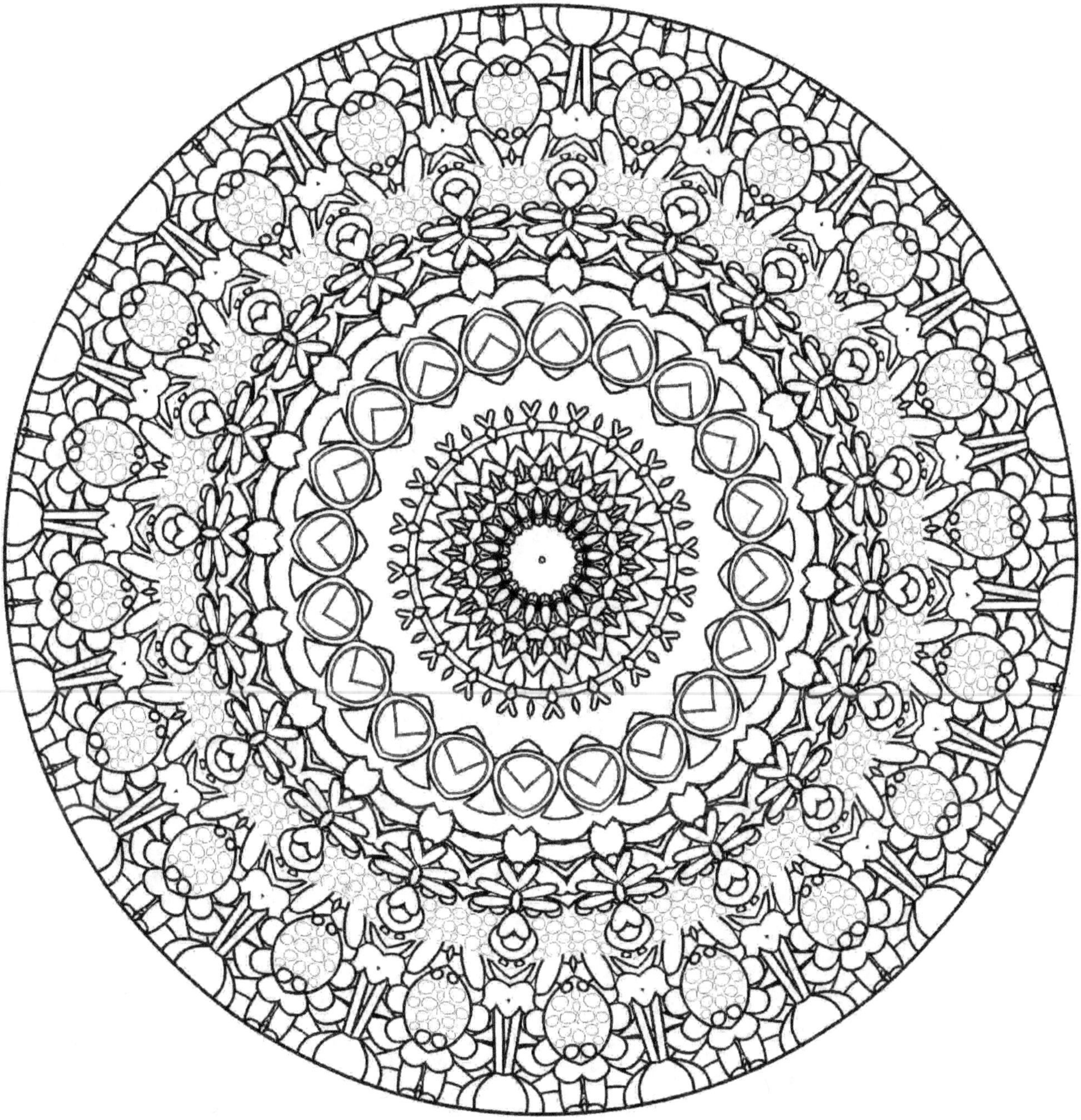

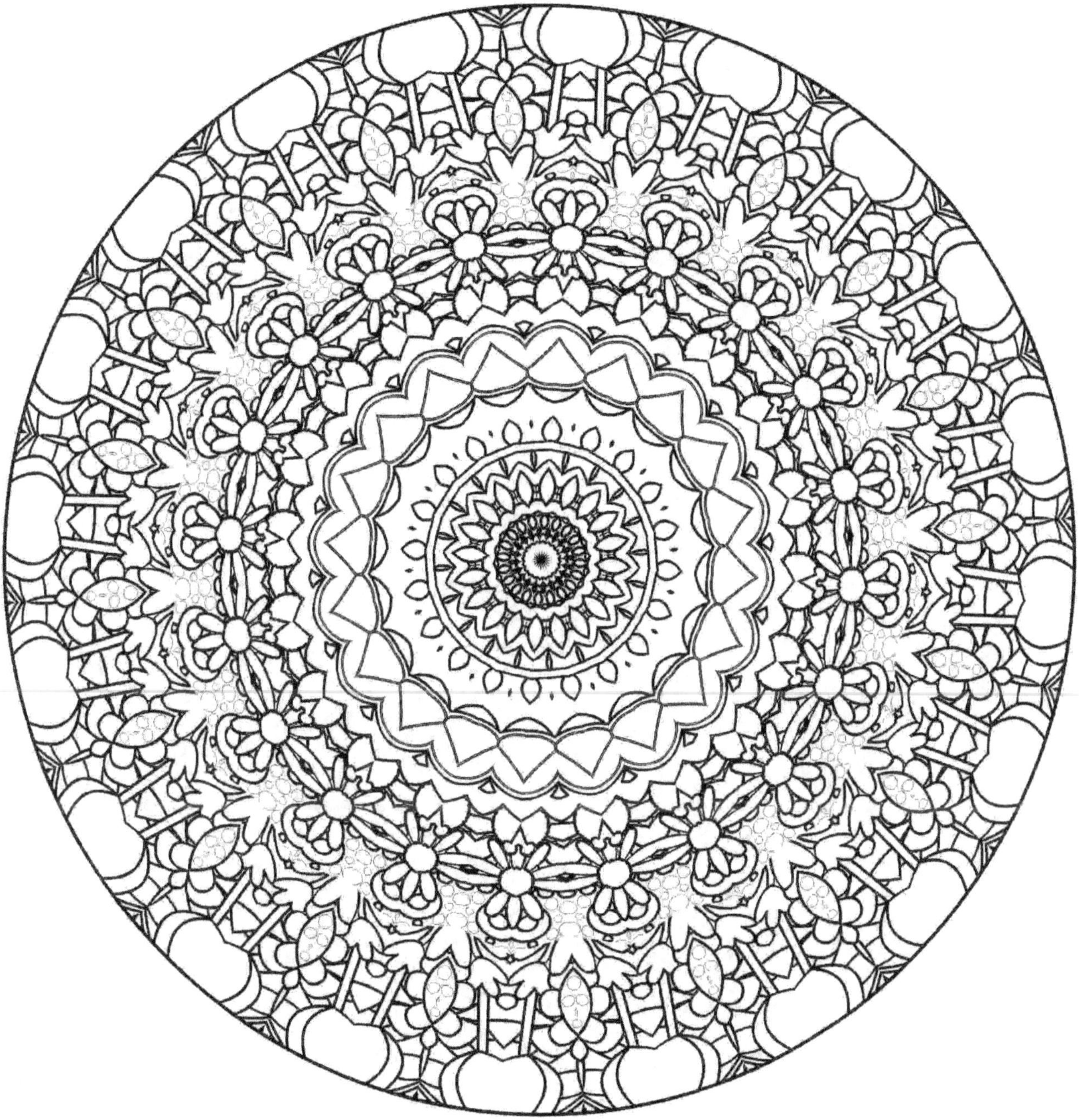

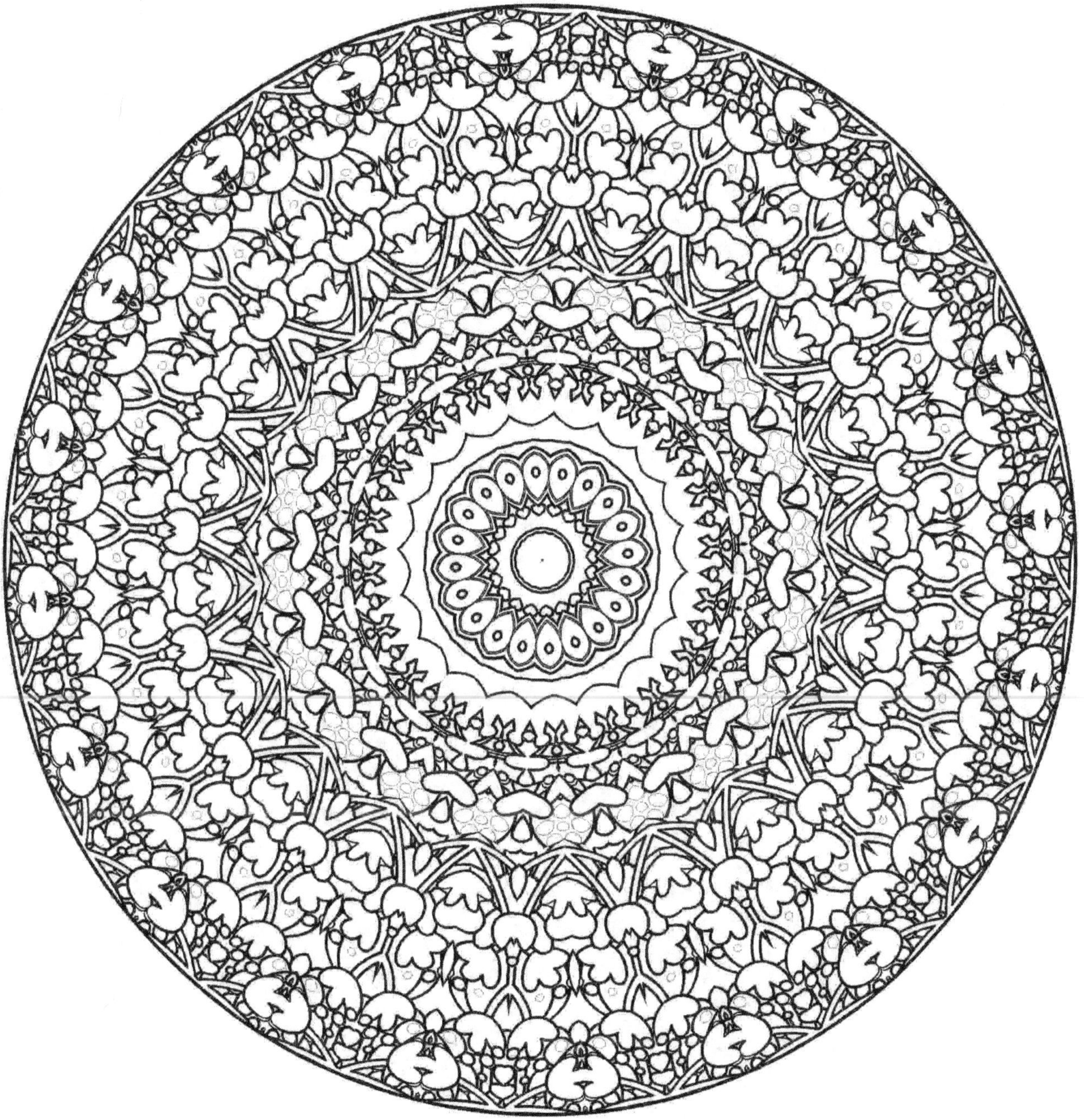

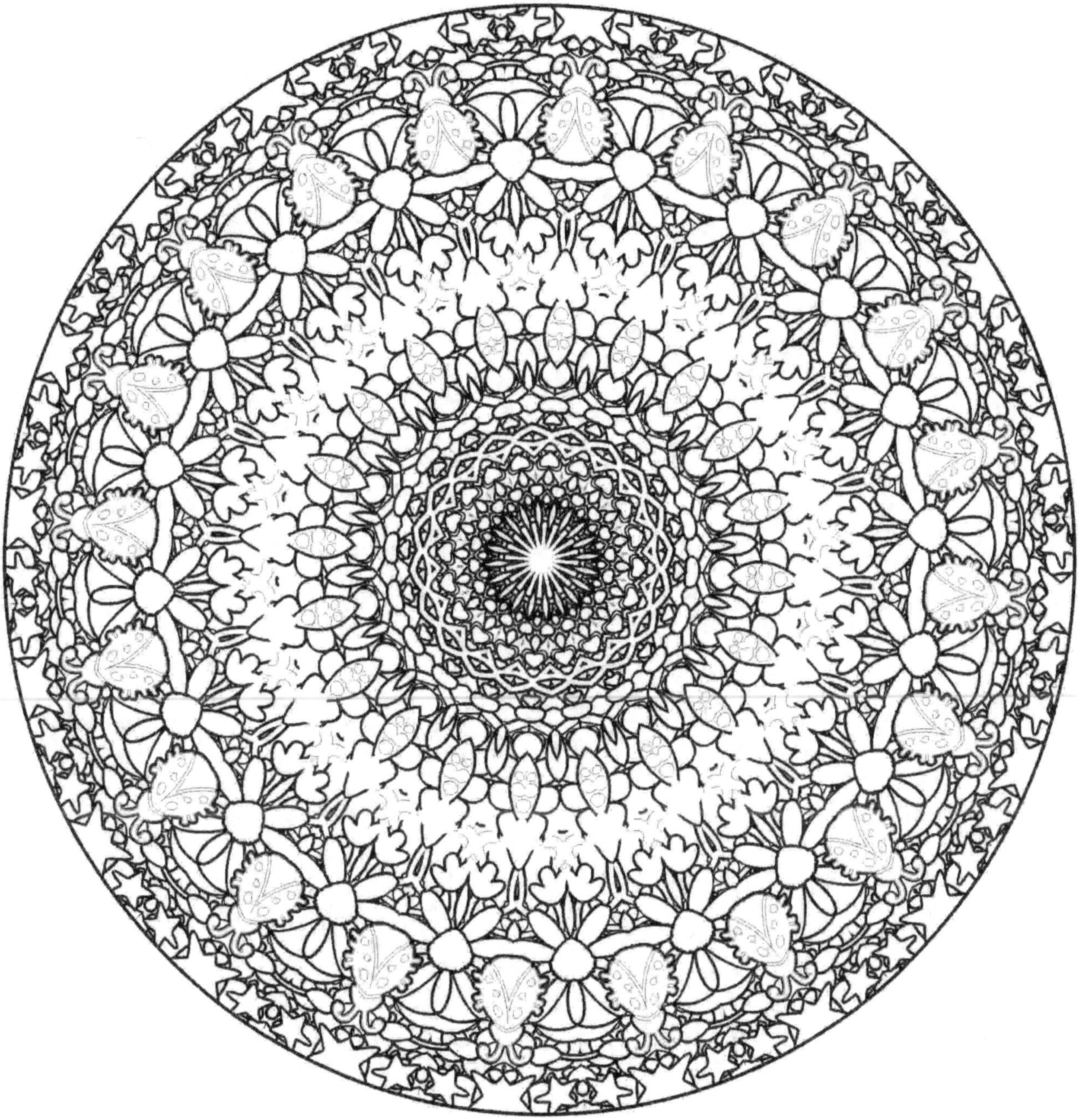

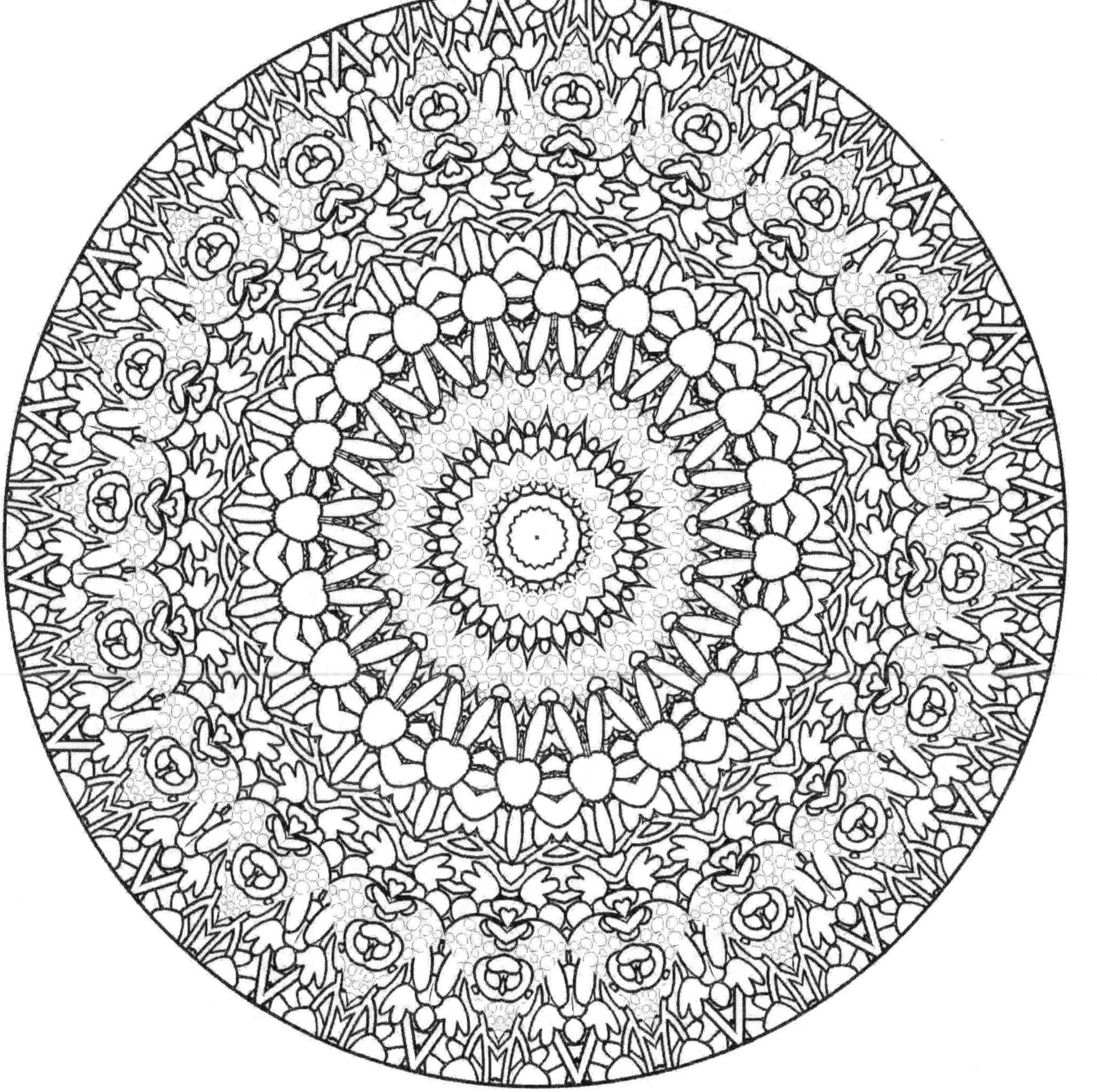

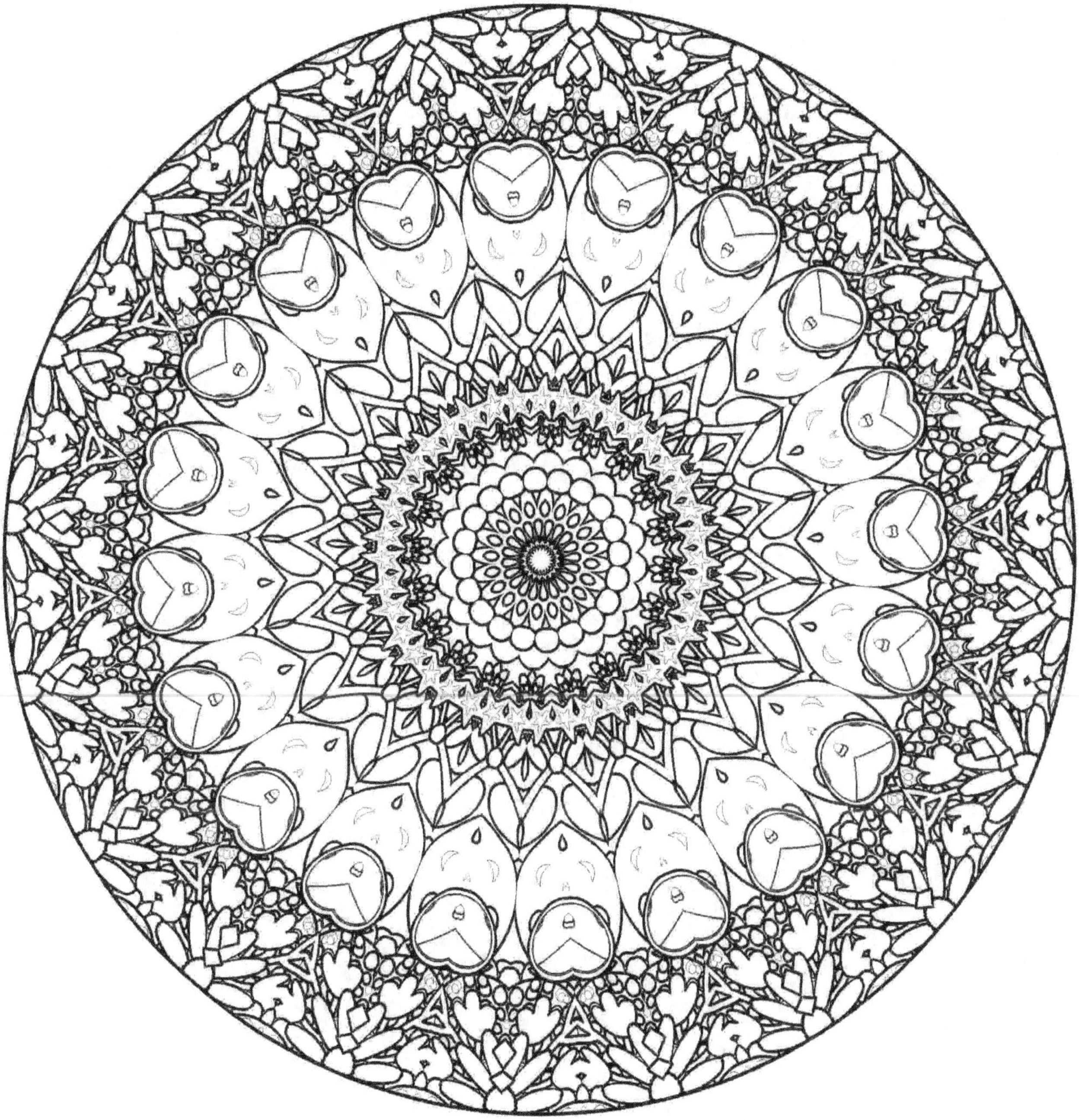

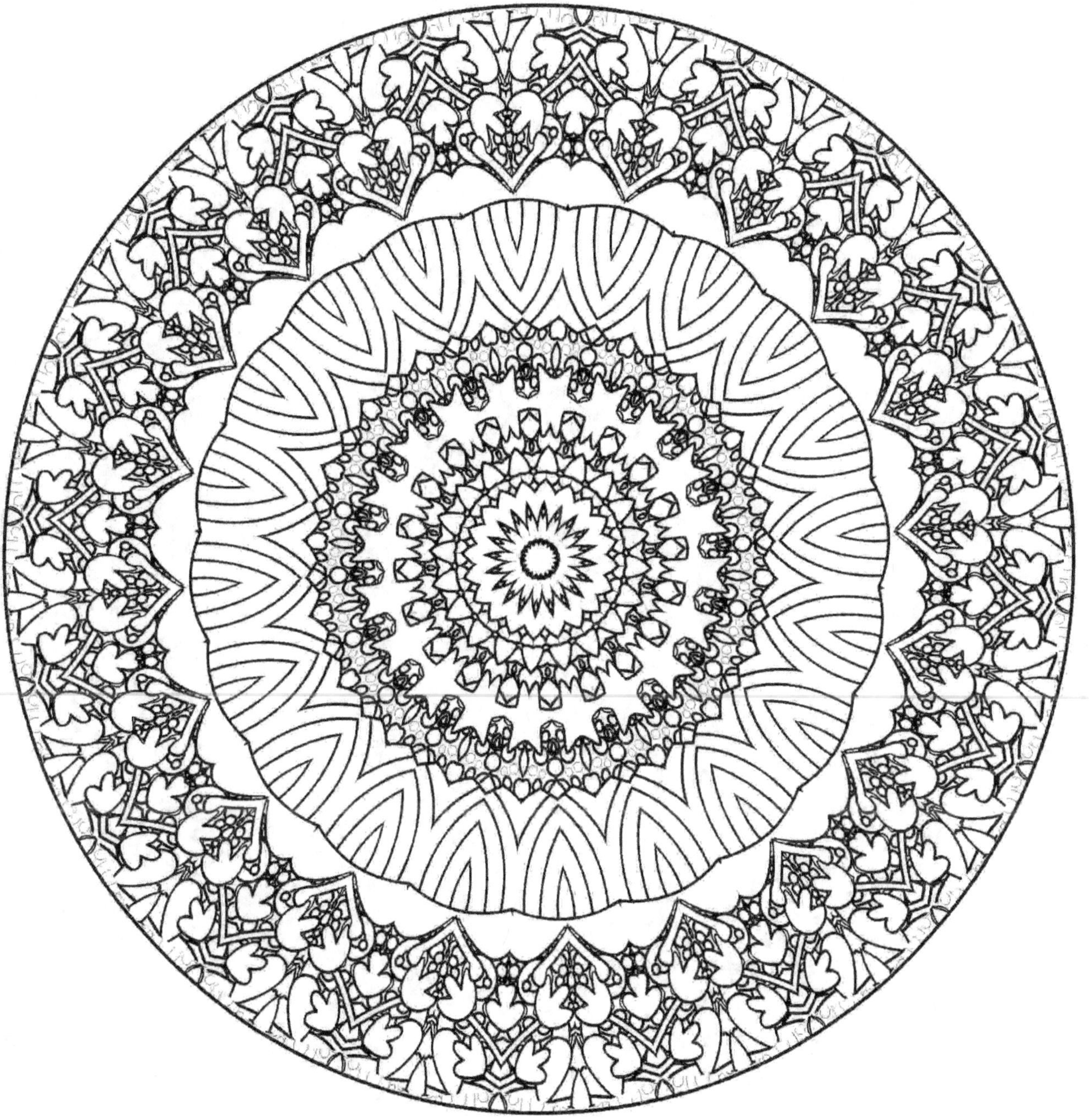

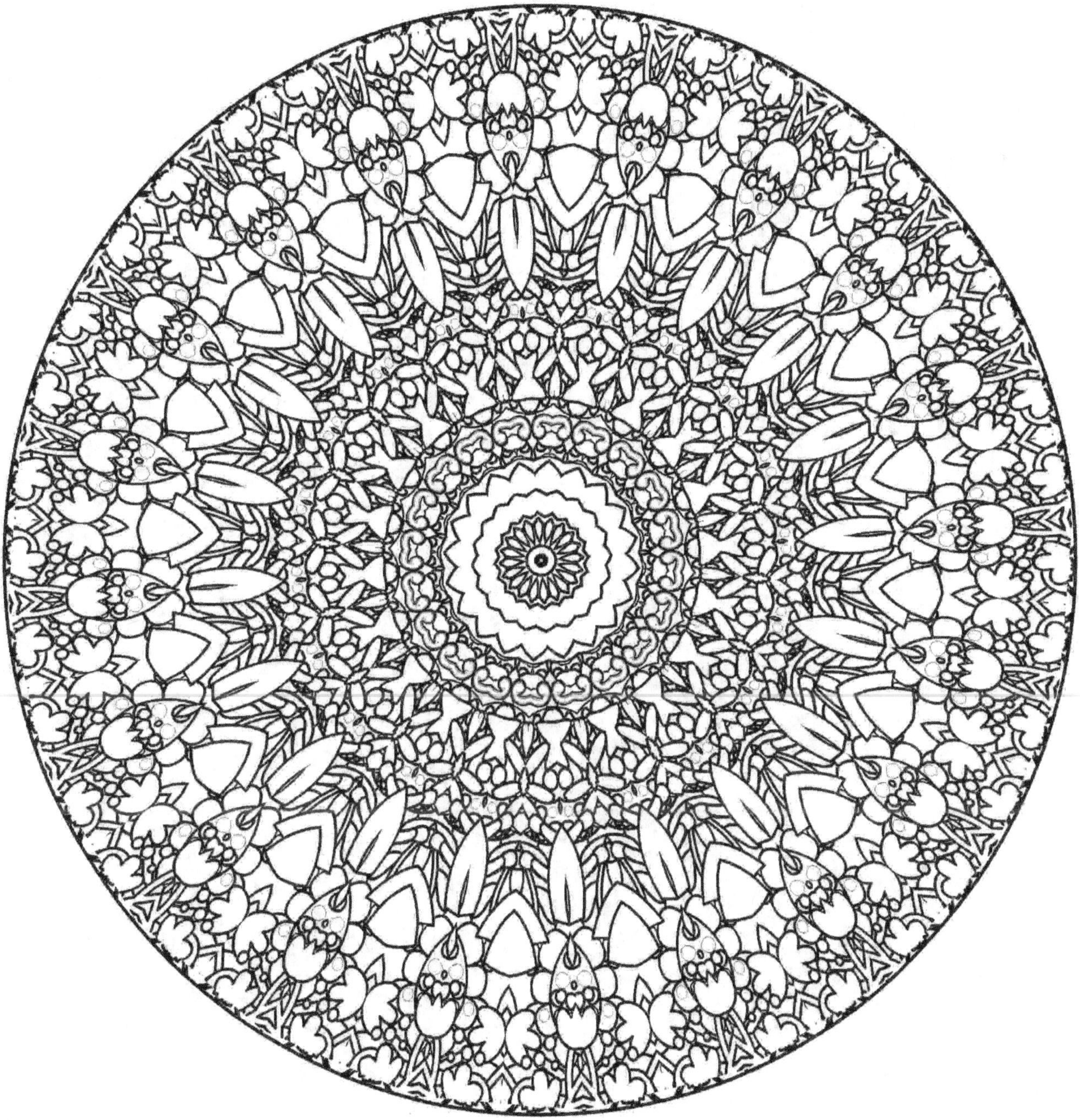

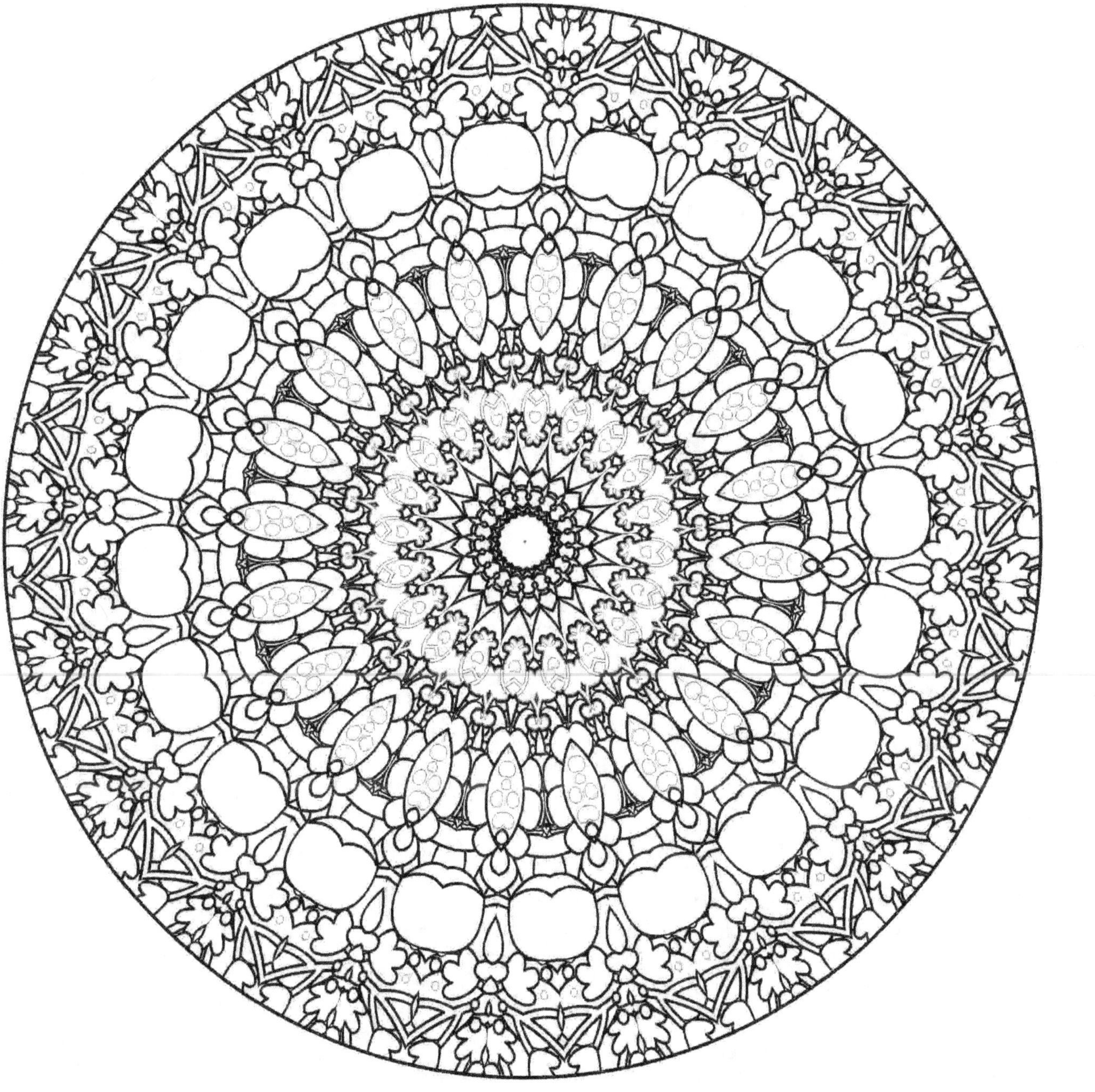

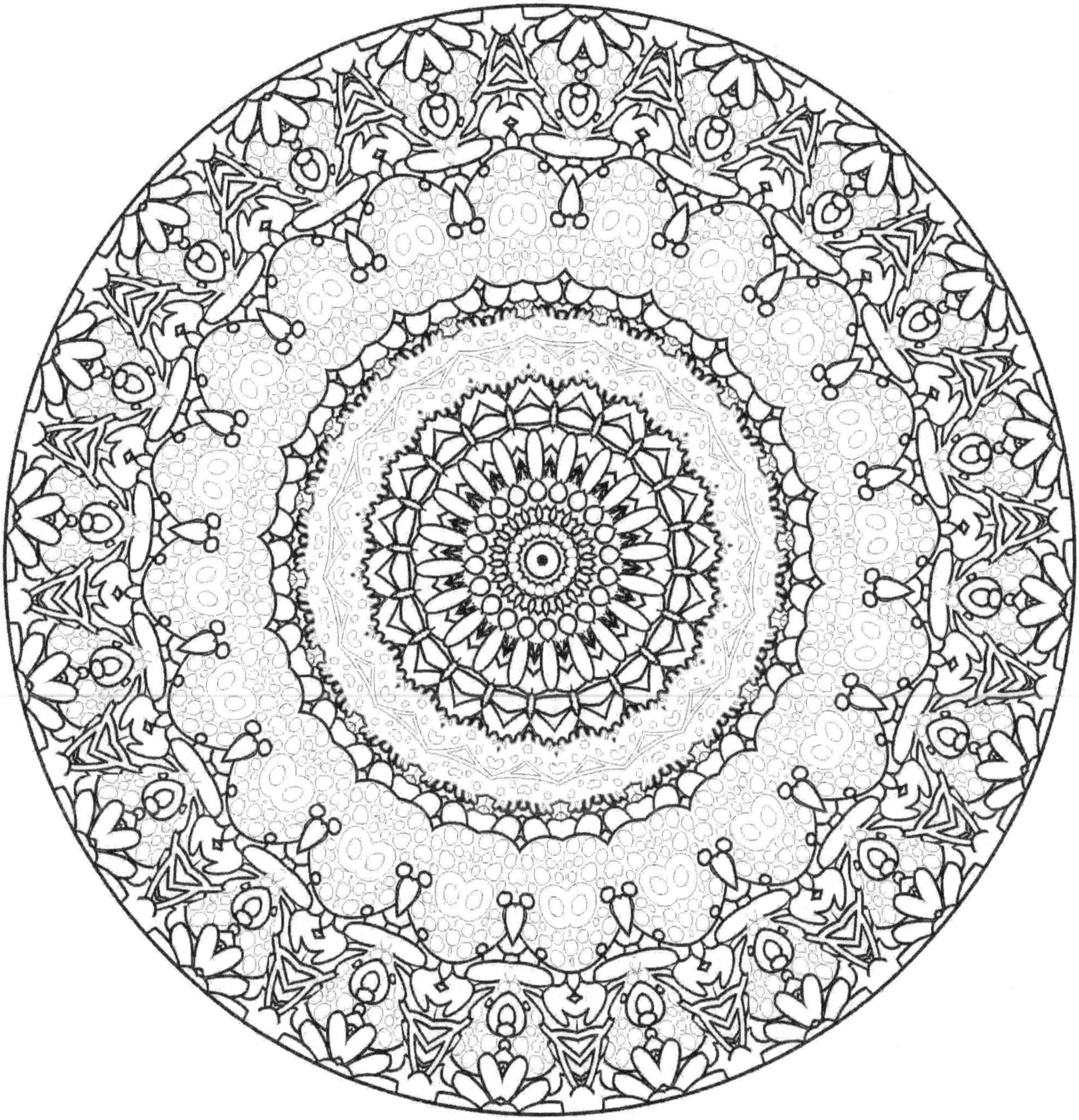

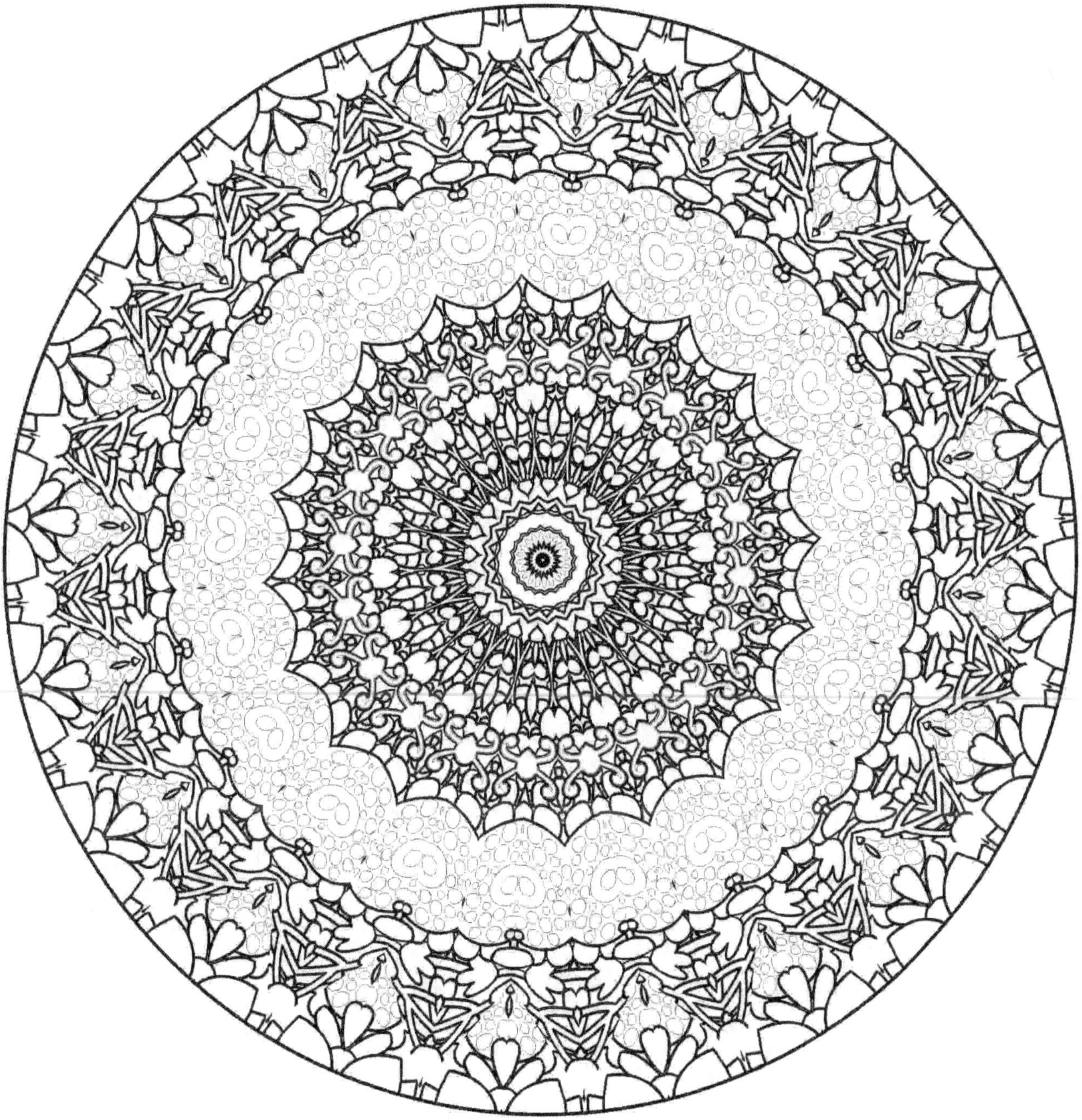

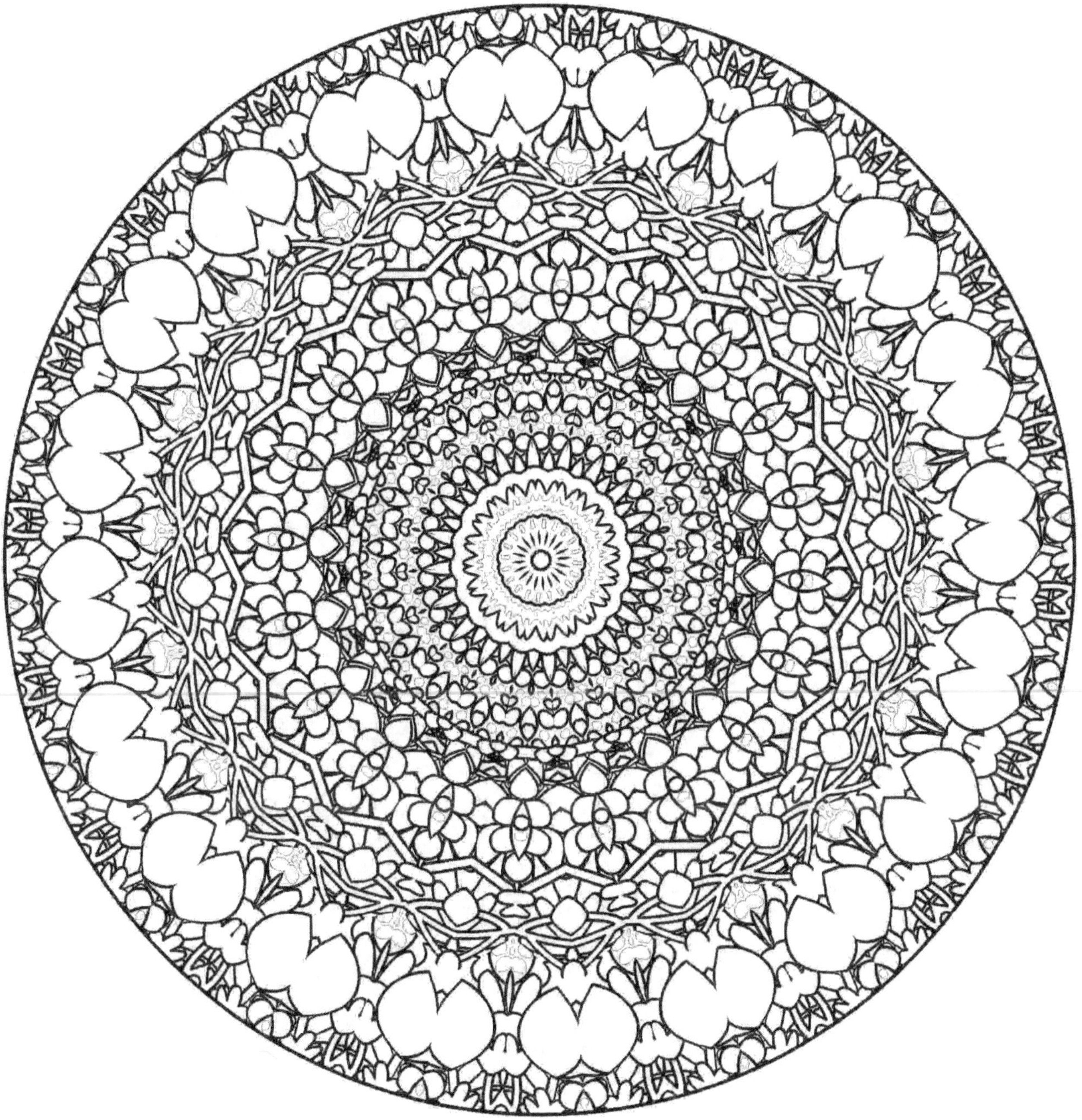

www.ingramcontent.com/pod-product-compliance
Lightning Source LLC
Chambersburg PA
CBHW082111220526
45472CB00009B/2133
* 9 7 9 8 5 0 0 5 2 1 3 6 1 *